姚樹聲著

孔孟的真實生平
及其思想新評估

文史哲學集成

文史哲出版社印行

國立中央圖書館出版品預行編目資料

孔孟的眞實生平及其思想新評詁 / 姚樹聲者. --
初版. -- 臺北市：文史哲，民85
面； 公分. -- (文史哲學集成；354)
參考書目：面
ISBN 957-547-989-0(平裝)

1. (周) 孔丘 - 學術思想 - 哲學 2. (周)
孟軻 - 學術思想 - 哲學

121.2　　　　　　　　　　　　　　84014029

文史哲學集成 ㉞

孔孟的眞實生平及其思想新評估

著　　　者：姚　　樹　　聲
出　版　者：文　史　哲　出　版　社
登記證字號：行政院新聞局局版臺業字五三三七號
發　行　人：彭　　正　　雄
發　行　所：文　史　哲　出　版　社
印　刷　者：文　史　哲　出　版　社
　　　　臺北市羅斯福路一段七十二巷四號
　　　　郵撥〇五一二八八一二　彭正雄帳戶
　　　　電話：(〇二) 三五一一〇二八

定價新臺幣二八〇元

中 華 民 國 八 十 五 年 二 月 初 版

孔孟的眞實生平及其思想新評估

目　　　次

中華文化復興運動的新起點（代序）

一、中華文化的結晶，就是孔孟學說，也就是孔孟哲學思想。它是放之四海而皆準，貫穿古今皆認同。

㈠請看：人是自然人。自然人需要吃、喝、穿、住，需要不斷改善生活，需要兩性生活。孔子：「飲食、男女，人之大欲存焉。」孟子：「食、色，性也。」人類生產的發展，社會的進步，人類文明不斷的提高，都是自然人求生存，求發展，不斷努力，不斷積累的結果。孫中山先生的「民生史觀」和現代學者陳立夫先生的「唯生論」，就是以此爲出發點而奠定他們的理論基礎。自然人這種人性，總起來就是行動中或運動中的一個「私」字。

㈡請看：人又是社會人。社會人客觀上必然產生和必然需要孔孟所總結的仁、義、禮、智、信五種德性，作爲彼此交往和相互聯繫的橋樑和紐帶。就是孫中山先生所說的「社會互助論」和陳立夫先生所論述的「人類共生共存共進化的原理」。社會人這種人性，總起來就是行動中或運動中的一個「仁」字。（陳氏提出的公、誠、仁、中、行，與運動中的五德，加上孔子的中庸，兩者就是一致的。是人道本身所具有，而從天道中得到啓示和教育。

㈢再請看：自然人與社會人，「私與仁」是一人而兩任焉。人的思想中：「私與仁」是長期存在，永遠運動著至死，普遍聯

繫著到社會、國家、世界各方面，又對立、又統一的一對活生生的矛盾。矛盾雙方，客觀上力量對比，是「私」的力量，大於「仁」的力量。前者是「不學而會」、「弗學而能」。（孔子語）是居支配地位。後者居被支配地位，常常受前者的排斥、擠壓，以致喪失殆盡，造成人犯罪，社會騷亂，國家不安寧，世界不太平。所以孔孟哲學思想：強調仁，突出仁，擴充仁，充實仁。達到二者力量的均衡和統一，達到私中有仁，仁中有私。統一就是孔子「中庸之道」。「私」常常要突破統一，「仁」就要常常作奮鬥努力，保住統一，形成矛盾運動過程。運動是變動發展的，統一應是隨同變化發展的。孔孟哲學思想：就是要經常以仁治人，以仁治社會，以仁治國家，以仁治世界。或者說，以仁改造人，以仁改造社會，以仁改造國家，以仁改造世界。就是現代學者陳立夫先生提出的要「以中華文化救世界」!!!

㈣這裡要特別提出的：人類社會不能沒有國家，在國家領域內，統治階層，不從事任何生產，占據國家權力機關，上層非代代有禹湯文武周公這樣才德兼備的人選。中層、下層乃至上層，層層追求特權享受，實行苛政、暴政，刻剝百姓，侵犯、踐踏人權，阻礙、限制、摧殘自由經濟的發展，陷人民於水深火熱之中，對這種專制國家更應進行仁的徹底改造，自身難以改造，陳勝、吳廣、劉邦、項羽之流，必起而改造之。然而時至今天，改造卻不必經過流血戰爭，只要進行政治改革，實行民主政治就可以了。對民主國家，同樣必需進行仁的改造，揭發、查處不法的人，甚至最高層次的人。

二、孔子的大同世界，及其小康社會，和由小康到大順社會的設想（均見《禮記·禮運篇》）

　　㈠由於自然人的人性「私」，一旦失去「仁」的控制，人特別是國家領域內統治階層的人，就會變成吃人的老虎，成為自害而危害他人，危害社會，危害國家，危害世界的罪魁禍首。人之自私之心，便成為萬惡之源。如中國的秦始皇，德國的希特勒，日本的軍國主義者。魯相國季康子患盜，問於孔子，孔子對曰：「苟子之不欲（貪欲），雖賞不竊。」周武王伐紂，帝紂發兵70萬拒戰，血流漂杵。孟子曰：「以至仁伐至不仁，而何其血之漂杵也。」可見人之貪欲、盜竊，仁與不仁之間慘重巨大的流血戰爭，皆由自然人的「私」字而起。孔子總結在他以前的中國2500年以來的歷史實況和社會現象，便設想出一個沒有私有制的大同世界。在大同世界裡：⑴行天下為公的大道，取消私有制。沒有國家權力機關，只有公共事務管理機構，選任賢能兼俱的人去管理之。⑵人人講信修睦。⑶沒有家庭界限，故人不獨親其親，子其子。⑷使老有所終，壯有所用，幼有所長，鰥寡、孤獨、廢疾者皆有所養。⑸貨，惡其棄於地也，不必藏於己。即實行生產資料公有制。⑹力，惡其不出於身也，不必為己。即生活資料亦實行公有制，勞動生產，收獲歸公。⑺陰謀詭計不興，盜竊亂賊而不作，外戶不閉，（大概孔子以男女有別，內戶則閉）是謂大同。

　　㈡孔子當年應能察覺到：大同世界，難以實現。孔子是聖之時者，必然根據實際情況，設想一個小康社會，和由小康到大順社會。在小康社會裡：⑴一切實行私有制：有家庭界限，人各親其親，子其子。貨、力歸己。⑵國家政權私有制：產生禹湯文武周公這樣的人選。實行家天下：父死子繼，無子，兄終弟及，叫做「大人世及以為禮」（即定為一種制度）。⑶修治城郭、溝池，加強軍備，以防外敵、內亂和盜竊。⑷設立田制和鄉里（即制定層層權力範圍，規劃土地使用）⑸講求謀用，獎勵賢能智勇之人。

(6)以禮爲綱紀，以正君臣，以篤父子，以睦兄弟，以和夫婦。即以仁治人，治社會，治國家。(7)端正仁、義、禮、智、信的正確方向，著有過，講辭讓，示民有常。如有不由此者，在勢者去，衆以爲殃（即黜退不法、殃民的人），是謂小康。

三在由小康到大順社會裡：(1)孔子正式提出以禮治國，他說：禮之實即禮之實踐爲義。孔子提出「十義」的具體目標，又說：義之本爲仁。以禮治國，實即以仁治人，治社會，治國家，治世界。在綜核名實的情況下，亦可稱爲孔子的正名思想。

社會人，人性「仁」

父慈、子孝	長惠、幼順
兄良、弟弟（悌）	君仁（政權）臣忠
夫義、婦聽	

(2)孔孟哲學思想是行動中或運動中的思想：

自然人，人性「私」。孔子提出「私」（即人情）爲聖王之「田」。

以
仁
制
私
┌ 修禮以耕之（即以禮或以仁治人）
│ 陳義以種之（以十義爲種子）
│ 講學以耨之（以教育作爲中耕除草）
│ 本仁以聚之（指不是吃冤枉、吃剝削而取得收穫）
│ 播樂以安之（民生樂利，美衣美食，樂以安之）
└ 然後達於大順，人人有享受，猶食而肥

(3)在大順社會裡：

四體正 ─┐
        ├─ 人之肥 ─┐
膚革無盈 ─┘

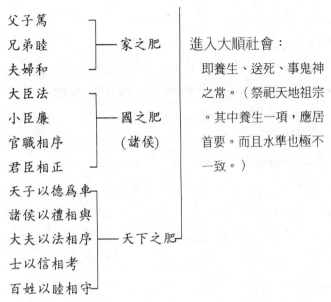

父子篤
兄弟睦 ┐
夫婦和 ┘ ── 家之肥

大臣法
小臣廉
官職相序 ┐
君臣相正 ┘ ── 國之肥（諸侯）

天子以德爲車
諸侯以禮相與
大夫以法相序 ┐
士以信相考
百姓以睦相守 ┘ ── 天下之肥

進入大順社會：

即養生、送死、事鬼神之常。（祭祀天地祖宗。其中養生一項，應居首要。而且水準也極不一致。）

故明於順，然後能守危。（古代生產尙不發達，仍應忍受困難，頂住風險，指飢歲荒年，盜竊暴亂，以及旱澇災害，地震風暴蟲災等）故禮之不同也（上下尊卑之分），不豐也（社會分配有歡嗇），不殺也（財富有等差），所以持情而合危也。（符合私有制之實際情況，而應忍受某些困難，頂住各種風險）

三、中華文化復興運動的新起點

㈠孔子學成，曾往齊國求仕。齊景公欲以尼谿田封孔子。大臣諫阻，諸大夫且欲害之。景公以老辭用，孔子遂行。孔子求仕不得，歸魯後，發憤努力，自辦私學。弟子三千，身通六藝（即六經）者72人，在社會上產生巨大影響，魯國乃用爲中都宰。治績斐然，四方則之。升任司空、司寇，兼攝相事，魯國大治。齊懼孔子在魯用事，魯強大，於齊不利，乃施美人計，以女樂遺魯

君臣。魯君臣受之，怠於政事。孔子忿而離魯，門弟子隨行，在
外14年，欲另謀政治出路，實現他的政治理想。在衛靈公奉孔子
祿六萬（相當漢時二千石），但終莫能用孔子。在宋，孔子與弟
子習禮於大樹下，宋司馬恐孔子在宋用事，欲殺孔子，拔其樹。
孔子在陳蔡，陳蔡用事大夫恐孔子往楚用事，顯彰彼等之無能，
發徒役圍孔子於野，孔子不得行，絕糧，從者病莫能興。至楚，
昭王將以書社地七百里封孔子，大臣諫阻，乃止。陽貨為魯當權
大夫季氏之家臣，握有實權，其家族擁有勢力，孔子在魯，名望
極高，陽貨欲用孔子。對孔子曰：「懷其寶而迷其邦，可謂仁乎？」
曰：「不可。」「好從事而亟失時，可謂智乎？」曰：「不可。」
「日月逝矣，歲不我與！」孔子曰：「諾，吾將仕矣。」魯之費
城宰公山不狃，叛季氏，使人召孔子。《史記·孔子世家》載：
孔子循道彌久，溫溫無所試，莫能己用。曰：「蓋周文武起豐鎬
（周之兩處京城，轄區不過百里）而王（天下）。今費雖小，儻
庶幾乎！夫召我者豈徒哉？如用我，其為東周乎！」

　　(二)佛肸為晉范、中行兩上卿當權者之家臣。為趙簡子上卿大
夫之中牟宰，握有實權。趙簡子攻范、中行，伐中牟，佛肸叛，
使人召孔子。孔子欲往，孔子門人子路諫阻，曰：「嘗聞諸夫子，
其身親為不善者，君子不入也。今佛肸親以中牟叛，子欲往，如
之何？」孔子曰：「有是言也。不曰堅乎！磨而不磷（不薄），
不曰白乎！涅（染）而不淄（不黑），我豈匏瓜也哉，焉能繫而
不食？」可見孔子欲出而任事，以遂其濟世安民，平治天下之志。
非常積極。然而國家政權私有制，「大人世及以為禮」，雖間有
禹、湯、文、武、周公這樣賢能兼備的人選，主持國政，但不能
期於代代皆有。孔子終不能為世所用。孔子一生，最終成為一個
歷史悲劇。孟子的遭遇，並不比孔子為佳。他欲為齊宣王建立一

個統一的中國，嘗自詡曰：「夫王未欲平治天下也，如欲平治天下，當今之世，捨我其誰？」然而國家政權私有制，「繼世以有天下」，使人才不能穎脫而出。齊宣王任孟子為客卿而不授以國權，僅發議論，備諮詢而已。最後欲贈送孟子一棟房子，養孟子弟子以萬鍾（即每年俸一歲之粟壹萬鍾），使諸大夫，國人皆有所矜式。孟子見所謀不合，辭歸。並宣王饋以兼金百鎰而不受（好銅幣百鎰，每鎰合20兩）。

　　㈢中國歷史五千年，五千年歷史都是施行國家政權私有制。其禍害無窮，百姓為此而所受苦難，及至流血犧牲也無窮。五千年歷史，簡直就是五千年血淚史。然而孔孟學說：講仁、義、禮、智、信，在民間享有很高的聲譽，擁有廣泛的群眾。中國素稱為禮義之邦。家庭、家族、社會之中，相習相傳的忠孝仁愛之風，非常濃厚。敬天地祖宗之心，非常虔誠，其象徵意義，感人至深。只可歎在國家領域內，歷代占據權力機關的人，貪婪舞弊，為非作歹，刻剝百姓。百姓痛之入骨，恨之入骨。變國家政權公有制，行天下為公之道，群眾已有極大的信心和願心。轉乾旋坤，時在今日，人人「如大旱之望雲霓，若時雨降。」（孟子語）中國有極其寶貴的孔孟哲學思想，它的科學性、客觀性可以爭辯，但又無可爭辯。中國有可貴的孔孟哲學思想，但缺少民主國家那種同等可貴的民主政治。以孔孟哲學思想加民主國家的民主政治，不難得出結論：這就是中華文化復興運動的新起點！！！時不我待，事無他求，把孔孟哲學思想推向國際，中國人有其責。美國以世界政經領導者自詡，而又自居，當仁不讓，亦為全世界有良心的知識界所認同，所讚許。而民主國家所缺少的，惟孔孟哲學思想。民主國家所奉行的民主政治，加孔孟哲學思想，應為中華文化復興運動，為中華文化救世界，產生動力，產生新的推動作用。同

樣，時不我待，事無他求，我們有理由，有信心，有科學依據：
以中華文化救世界，以孔孟哲學思想——以仁改造人，以仁改造
社會，以仁改造國家，以仁改造世界，應成爲全世界每一個人，
每一個社會，每一個國家，以及整個世界中，一項最爲突出的頭
等大事！！！應通過立法，納入聯合國憲章！！！自然人之私，是不
學而會，弗學而能，社會人的仁，永遠要充實，要加強，要強調，
要擴充。不如此，人犯罪，社會動亂，國家不安寧，世界不太平。
可不懼哉?!可不念哉?!

壹、前　言

孔孟思想及其學說受到古今中外學者、專家、政治家普遍贊同、頌揚、和景仰，並且見諸各自的實際行動

　　中國現代享有盛名、知識界人人皆曉、文筆古雅流暢、世界名著小說翻譯家林紓（琴南）先生，一九一九年三月十八日致函當時北京大學校長蔡元培先生，他說他不解外文，積十九年之筆述，譯成外國名著一百二十三種，約一千二百萬言。實未見其中有違忤五常之語。外國作家並不知有孔孟，然崇仁、仗義、矢信、尚智、守禮，五常之道未嘗悖也，而又濟之以勇。孔子為聖之時者。五常──仁、義、禮、智、信五種常行而不可須臾或離的言行規範，和為人處世的大道理，乃孔、孟之常談。勇亦然。孔子曰：「仁者必有勇，智、仁、勇三者，天下之達德也。智者不惑，仁者不憂，勇者不懼。好學近乎智，力行近乎仁，知恥近乎勇。見義不為，無勇也。」它的正面就是「見義勇為。」孟子曰：「此文王之勇也，文王一怒而安天下之民。此武王之勇也，武王亦一怒而安天下之民。」台灣國民黨元老陳立夫先生說：「總理（孫中山先生）思想的結晶，是三民主義。三民主義是淵源于孔子之道。」已故總統蔣介石先生說：「中國固有的人生哲學，經孔子的創導，孟子的闡揚，漢儒的訓釋，自成崇高的體系，比之于世界任何派別的哲學，實有過之而無不及。」已故大陸政府主席

毛澤東先生說：「從孔夫子到孫中山，我們應當給以總結，承繼這一份珍貴的遺產。」從前北宋開國元勛趙普，歷相太祖（趙匡胤）、太宗（趙光義）兩朝，據史籍所載：普少習吏事，寡學術，太祖嘗勸他讀書，乃手不釋卷。及入居相位，每退食餘閑，輒闔戶讀書，次日臨政，取決如流。及病歿，家人檢點遺書，藏有一篋，啓視篋中，並無異物，只有書籍兩本，乃是孔子《論語》廿篇。普平時亦嘗對太宗道：臣有《論語》一部，半部佐太祖定天下，半部佐陛下致太平。普善強諫，太祖嘗怒扯奏牘，擲棄地上，他顏色不變，跪以拾歸。越日，復補綴舊紙，覆奏如初，卒得太祖感悟，如言施行。趙普爲什麼能這樣堅持到底，大膽進諫呢？不難揣想，這是因爲他熟讀《論語》，胸有成竹。《論語》書中有言：「臣事君以忠。事君能致其身。」（忘我獻身）這裡的君，居今而言，即指國家。辛亥革命成功，我國居民便把「天地君親師位」改爲「天地國親師位」。這是很有道理的。國內大陸學者也說：「亞洲不有四條龍乎？其三龍（台灣、香港、新加坡。另一條爲南韓）尊我中華之傳統文化，何以不礙事，能騰飛也？又聞之，四書五經之在國外，讀者不少。彼洋人也，僑胞也，居然從我國之經書，學得治國之道、戰略戰術、樸素辯證法，乃至經營管理，何可怪也？」台灣學者也說：「木鐸振天下，正氣滿人間。」（《論語》：天下無道也久矣，將以夫子爲木鐸。木舌銅鈴。古代用來召集群衆，傳佈政令。這裡指傳播孔子哲學思想。）南宋末，元兵壓境，國家淪亡已成萬難挽回之勢。民族英雄文天祥，猶凜然誓死抗拒，支撐殘宋。終因兵敗被俘，由廣東海豐被執至燕京。幽囚三年，多方勸降不從，但求一死。使相孛羅欲殺天祥，元世祖及各大臣，憫他孤忠，不欲用刑。後謠言迭起，謂有中山狂人，自稱宋主，有衆千人，欲取文丞相。京中亦得匿名

揭帖，遂召諭天祥，要他變志事元，即拜丞相。天祥答稱：他係宋朝宰相，不能再事二姓，請即賜死。世祖心猶不忍，麾之使下。經字羅進諫，不如從天祥志，免生謠諑，世祖乃下詔殺天祥。押至柴市，態度從容，語吏卒道：「吾事畢了。」南向再拜，乃就刑。年四十七歲。忽又有詔赦傳到，令停刑勿殺，事已無及。返報世祖，並呈天祥衣帶贊，大書三十二字。曰：孔曰成仁，孟曰取義，惟其義盡，是以仁至，讀聖賢書，所學何事？而今而後，庶幾無愧！」這豈不是在古時宋代就已經印證了台灣學者之所言：「木鐸振天下，正氣滿人間。」麼?!孔子曾經說過：「志士仁人，無求生以害仁，有殺身以成仁。」孟子則說：「生，亦我所欲也，義，亦我所欲也，二者不可得兼，捨生而取義者也。」在孔子故里，即今山東曲阜的孔廟裡，有歷朝追封孔子的碑文。其中有一篇是元朝的碑文。碑文說：「皇帝聖旨：蓋聞先孔子而聖者，非孔子無以明，後孔子而聖者，非孔子無以法。所謂祖述堯舜，憲章文武（周文王、武王），儀範百王，師表萬世者也。朕纂承丕緒，敬仰休風，循治古之良規，舉追封之盛典，加號大成至聖文宣王。遣使闕里（即孔子故里），祀以太牢。嗚呼！父子之親，君臣之義（民主政治——人民是國家的主人公，總統或首相是人民的公僕。）永維聖教之尊。天地之大，日月之明，奚罄名言之妙？（指孔子、孟子言論）尙資神化，祚我皇元，主者施行。」碑文句句符合事實，令人信服。距孔子死後三三四年，西漢偉大史學家、文學家司馬遷，他對孔子也十分崇敬和贊揚。他的著名歷史巨著、我國第一部紀傳體通史——《史記》中，把皇帝列稱本紀，如五帝本紀，夏本紀，殷本紀，周本紀。把諸侯國國君列爲世家，如齊太公世家，魯周公世家。孔子亦列爲世家，提到與諸侯國國君的地位。並記載漢高祖過魯，謁孔廟，祀以太牢。諸

侯卿相至，常謁然後從政。他說：「天下君王至于賢人衆矣，當時則榮，沒則已焉。孔子布衣（指孔子宋人，今河南商丘，移居魯國，爲城市平民，無貴族身份），傳十餘世（代），學者宗之。自天子王侯，中國言六藝（六經）者，折中于夫子，可謂至聖矣。」又說：「《詩》有之，高山仰止，景行行止。雖不能至，然心嚮往之。余讀孔氏書，想見其爲人。適魯，觀仲尼廟堂車服禮器，諸生以時習禮其家，余低迴留之不能去云。」眞可謂推崇備至！

綜上所述，時不論古今，地不分中外，孔孟思想，已經放之四海而皆準，貫穿古今皆認同。這豈只是中華文化的一份驕傲，同時也是世界文化中的一份驕傲。就連筆者寫這篇孔孟文章，也受到莫大的感染。由此可見，弘揚和傳播孔、孟的哲學思想，是何等重要、何等迫切啊！

貳、孔子的真實生平

一、孔子所處的時代及社會性質

中國歷史，迄今五千年。從三皇、五帝開始：

三皇——伏羲、神農（炎帝）、黃帝（軒轅）。

五帝——少昊（黃帝子）、顓頊（黃帝孫）、高辛（黃帝曾孫）、唐堯（高辛子）、虞舜（顓頊之後裔，早已微爲庶人）。

（三代）夏、商、周（西周）、東周、春秋戰國、秦、西漢、東漢、魏、蜀、吳（三國）、西晉、東晉、北朝（北魏、東魏、西魏、北齊、北周）、南朝（宋、齊、梁、陳）、隋、唐、五代（梁、唐、晉、漢、周）、北宋、南宋、元、明、清、中華民國：（大陸）中華人民共和國、（台灣）中華民國。

孔子處於春秋末期，孟子處於戰國末期。

孔孟之前約二千五百年，孔孟之後迄今亦大約二千五百年。社會性質都是財產個人私有制，國家政權君主私有制，土地屬於政權私有制。土地個人私有制和土地租賃制度是宋以後的事。土地個人私有制，有地主私有制，也有農民私有制。發展的結果，有官僚地主，有官商地主，有工商業地主。農民中有少數富農和地主，大部份降爲佃農，少數做長工，產生社會貧富不均的嚴重危機。但主要危機仍然是、而且必然是國家政權私有制所產生的少數統治者與廣大被統治者人民間的矛盾激化所引起的帶根本性的致命危機。中國歷史上改朝換代便是由此而產生。馬列文獻中，

大陸學者，硬派夏、商、西周爲奴隸社會，春秋、戰國爲由奴隸社會轉型爲土地地主私有制用地租剝削農民的社會，認爲這是生產方式邁出進步的一步，是階級鬥爭推動社會發展的結果。我們認爲這是缺乏歷史事實，令人置疑，難以接受的。

二、孔子的出生及家庭情況

孔子，姓孔，名丘，字仲尼。

公元前五五一年生，公元前四七九年卒，七十三歲。孔子出生距今（一九九五年）計二五四六年。生於春秋末期，魯國，今山東曲阜。春秋時期（公元前七七〇年──公元前四七六年）共二九四年。魯國：周文王子、周武王弟、周公旦的封地。孔子先世爲宋微子之後裔。微子啓，殷商湯王末代暴君──紂王之同母庶兄。微子生，母猶爲妾，及爲妃而生紂，故稱庶兄，實際爲同母兄弟。周武王伐紂，微子持祭器造於軍門，肉袒面縛，膝行而前以告。武王釋微子，復其位如故。武王封紂子武庚，以續殷祀，使弟管叔、蔡叔傅相之。武王崩，子成王年少，周公旦代行國政，管、蔡疑之，乃與武庚作亂，襲成王、周公。周公承成王命，誅武庚，殺管叔，放蔡叔，乃命微子代殷後，奉其先祀，國於宋（雎陽──即今河南商丘），稱宋國。孔子六世祖孔父嘉，宋殤公與夷時之大司馬（掌兵權）。宋大宰華督見孔父嘉繼室魏氏，美艷非常，謀奪而爲妻。殤公立，孔父嘉爲殤公父托孤大臣。殤公在位，十年十一戰，民不堪命。華督乘機散佈流言，說屢次用兵，皆出司馬主意，激起衆軍士忿怒，擁督齊往孔宅，聲言：「殺害民賊。」孔父才啓大門，華督搶先登堂，大呼：「害民賊在此，何不動手？」孔父未及開言，頭已落地。軍士趁機將孔家擄搶一空。督卻自引心腹，直入內室，搶了魏氏，登車而去。魏氏在車

中施計，暗解束帶，自繫其喉，比及入華氏之門，氣已絕矣。殤
公聞司馬被殺，乃華督同往，欲正其罪。殤公駕車親臨孔父之喪，
華督唆使軍士，鼓譟而上，竟弒殤公。他卻衰服（穿喪服）而至，
舉哀者再，胡亂將軍士一二人，坐罪行誅，以掩眾目，即將宋國
重器，行賂各國，另立他所善之公子馮，是爲莊公。齊、魯、鄭
各國因受賄賂，便偕同會於齊地一稷，定莊公之位，仍使華督爲
相。孔父只一子，名木金父，年尚幼，其家臣抱之奔魯，遂爲魯
人，後來即以孔爲氏。孔子即孔父嘉六世孫。孔子作《春秋》，
大書：桓公二年春，宋督弒其君與夷及其大夫孔父。即指此事。
孔子父叔梁紇，嘗爲魯之鄹邑大夫（相當今之縣市長）。娶魯之
施氏，生九女。其妾生一子，名孟皮，病足成廢人。乃求婚於顏
氏。顏氏有五女，俱未聘，疑紇年老（時已六十四歲），謂諸女
曰：「誰願適鄹大夫者？」諸女莫對。最幼女徵在，因出而應曰：
「女子之義，在家從父，惟父所命，何問焉？」顏氏奇其語，即
以徵在許婚。既歸紇，夫妻憂無子，共禱於尼山之谷，而生孔子。
生而頂門中低而四傍高，故名曰丘，字仲尼。生三歲而紇卒。及
長，身長九尺六寸，人皆呼爲長人。

三、孔子的幼年時期，受禮樂薰陶，畢生未離禮樂

　　孔子經歷魯襄公（三十一年）、昭公（三十二年）、定公（
十五年）、哀公（二十七年）四個國君。生於襄公二二年，卒於
哀公一六年。七十三歲。周公留佐武王，輔政成王，使子伯禽代
就封於魯。周公從政期間，據其自言，（誡子伯禽語）一沐三捉
髮，一飯三吐哺，起以待士，猶恐失天下之賢人，成王以其勤勞
國事，命魯得郊祭文王，有天子禮樂，以褒周公之德。春秋襄公
二九年（那時孔子才七歲），吳子使札來聘。《春秋左傳》吳國

公子札來聘，見叔孫穆子。請觀周樂（指周天子歌舞）。使樂工
爲之歌《周南》、《召南》。爲之歌《北》、《鄘》、《衛》。
爲之歌《王》（指東都洛陽）。爲之歌《齊》。爲之歌《豳》。
爲之歌《秦》。爲之歌《魏》。爲之歌《唐》（指晉）。爲之歌
《陳》。爲之歌《小雅》。爲之歌《大雅》。爲之歌《頌》。見
舞《象箾》、《南籥》。見舞《大武》。見舞《韶濩》。見舞《
大夏》。見舞《韶箾》。曰：「觀止矣！若有他樂，吾不敢請已。」
《論語》：季氏旅（祭）於泰山。季氏八佾舞於庭。三家者以《
雍》徹（撤）。禘，自既灌（第一次獻酒）而往者，吾不欲觀之
矣。（季氏、三家指魯之當權大夫季孫、孟孫、叔孫。）（《雍》
指天子祭完宗廟、撤除祭品時，專唱的頌詞。禘指天子用的祭禮。
周禮：天子用八佾。一佾一行八人。八佾六十四人。這裡指魯侯
及三家有僭越行爲，故說吾看不下去了。）《史記·孔子世家》：
孔子爲兒嬉戲，常陳俎豆（祭器），設禮容。從上所引述，孔子
從小便受到禮樂的薰陶，而魯國繼承了周天子禮樂的傳統，更是
爲孔子造就成爲一位傑出的禮樂專才，準備了優越的客觀條件。
除周魯禮儀歌樂外，齊國的歌舞音樂對孔子亦產生影響：《論語》
孔子在齊聞《韶》，三月不知肉味。言齊《韶》樂之盛美，故聽
而忘於肉味。《論語》齊來饋女樂，孔子行。（事見後敍，孔子
去魯周游各國事）孔子不但向官方禮樂學習，而且從民間鄉土歌
舞、禮樂吸取養料。《論語·先進》子曰：「先進於禮樂，野人
也。後進於禮樂，君子也。如用之，則吾從先進。」包括《十三
經注疏》在內，許多版本解釋有誤：解爲仕途之先後，非也。由
於他在禮樂方面有成就，受朝野歡迎和擁護，在謀生方面也有便
利條件，及長，嘗爲季氏委吏，料量平。嘗爲司職吏而畜蕃息。
前者爲管理倉庫的小官，後者爲管理牲畜的小官。《孟子》：「

孔子嘗爲委吏，會計當而已矣。嘗爲乘田吏，牛羊茁壯而已矣。」孔子讀書、習禮樂都很認眞，辦事也是十分認眞。正如他自己所說的：「臨事而懼，好謀而成。」所以雖是小官的工作，他也做得很出色。孔子年十七，魯大夫孟釐子病且死，誡其嗣懿子曰：「孔丘，聖人之後，（指殷商湯王之後裔）年少好禮（禮儀），吾即沒，若（你）必師之。」及卒，懿子與魯人南宮敬叔往學禮焉。魯三家中，當權大夫之一的孟孫，曾從孔子學禮。魯昭公廿年（孔子三十歲）齊景公與晏子狩。（在齊魯邊界打獵）入魯向孔子問禮。孔子去曹適宋，與弟子習禮於大樹之下。過匡，匡人拘之甚急，子路彈劍而歌，孔子和之，曲三終，匡人解圍而去。在陳蔡絕糧，從者病，莫能興，孔子講誦弦歌不衰。孔子擊磬於衛。孔子學鼓琴於師襄子，習《文王操》。由衛至晉，返乎陬鄉，作《陬操》。自衛返魯，語魯太師（樂官）：「樂，其可知也，始作翕如，縱之純如，皦如，繹如也，以成。」返魯，然後樂正，《雅》、《頌》各得其所。與人歌，善，使復之，然後和之。《詩》三百篇，孔子皆弦歌之，以求合於《韶》、《武》、《雅》、《頌》之音。曾向孔子習士喪禮的魯人孺悲，欲見孔子，孔子辭以疾，取瑟而歌。子路死於衛，孔子病，負杖逍遙於門，歌曰：太山壞乎！梁柱摧乎！哲人萎乎！因以涕下。綜合孔子的一生，就是詩書禮樂的一生。

四、孔子十五歲——卅五歲
廿年艱苦學習情況及所取得的出色成績

二千五百年前的古代，讀書很不容易，很困難。孔子讀書階段更是困難重重。

㈠**無書本**——文章寫在木版上和竹簡上，用繩索或皮索，把

它串聯起來。《中庸》哀公問政。子曰：「文、武之政，布在方策。」方——木版，策——竹簡。《史記》孔子晚年喜《易》。讀《易》，韋編三絕。韋——皮索，三絕——皮索斷了三次。用帛當紙寫字，帛價貴，且不易保存，故帛書並不通行。西漢文學家東方朔，一篇用竹簡寫的奏章，要用兩個人吃力地抬進宮去。到東漢蔡倫才發明造紙術。到北宋時期，畢昇才發明活字版印刷術。

　　㈡無課本——《詩》有三千餘篇，是從商之祖先——契，周之祖先——后稷，所流傳下來的民謠，以及從西周初期至春秋中期的歌謠，匯集整理而成的一部詩歌總集。孔子篇篇都要讀到，並深入研究，後來經他去其重複，刪定爲三〇五篇。古之遒人（官名）以木鐸徇於路，以求歌謠之言。每歲五穀畢入，民皆居宅，從十月盡，正月止，男女相從而歌，飢者歌其食，勞者歌其事。男年六十，女年五十無子者，官衣食之，使之民間求詩。鄉移於邑，邑移於國（指諸侯國），國以聞於天子。故王者不出戶牖，盡知天下。另一部份詩歌，出自周室及諸侯國史官樂師之手。《書》，自堯舜至秦穆公時止，係古代歷史檔案材料。原有三二四〇篇。經孔子篇篇讀到，深入研究，後來才整理爲一〇〇篇。現存五十八篇。這樣浩繁的典籍，要篇篇和反覆誦讀，洵非易事。此外還要讀當代周室和諸侯國的歷史檔案材料，才不會落後於時代，使遠古和春秋時期歷史得以延續。孔子作的《春秋》就是整理和編寫二四二年間這一段時期內的所有官方檔案材料。首先必需看懂、讀懂，才能整理成書，這也是十分艱難的事。

　　㈢無老師——有人問孔子弟子子貢說：「仲尼焉學？」子貢回答說：「夫子焉不學？而亦何常師之有？」唐朝文學家韓愈說：「聖人無常師。孔子師郯子、萇宏、師襄、老聃。」春秋時，郯

國國君，今山東郊城縣，孔子向他請教古代官制。周敬王時，大夫萇宏，孔子向他請教音樂方面知識。魯樂官師襄，孔子向他學習彈琴。老聃即老子，孔子曾向他請教過周禮。南宋學者王應麟《三字經》「昔仲尼，師項橐。古聖賢，尚勤學。」《戰國策·秦策》孔子七歲，項橐曾回答過孔子的提問。可見孔子沒有進過學校，沒有固定的老師，完全靠自學而成材。後來他自己聚徒講學，還開創了我國私人講學之先聲。

㈣家庭經濟困難──孔子，曲阜城市貧民，三歲喪父。母，年輕，把他撫養成人，已經很不容易。家中尚有病兄孟皮，病足成廢人。還有孟皮之生母。十九歲孔子娶宋之并官氏之女爲妻，一歲而生鯉，名伯魚。由於他嫻熟周室禮儀，會相禮，會各種樂器，會唱曲調，加上自己篤志向學，受到社會重視，聲望很高。年少便腰帶經書，與往季氏饌飮魯之文學之士，受到季氏家臣陽虎之紬退，而伯魚之生，魯國君昭公卻使人遺之鯉魚，孔子榮君之賜，因以名其子，曰孔鯉字伯魚。孔子家貧，不得不就做管理倉庫，飼養牛羊的工作，以維生活。六口之家，加上母、妻、孟皮生母的娘家，以及九個長姊共十多戶，禮尚往來的餽送，何況孔子素志厚往薄來，所費必多。以此家庭經濟困難，也是意料中事。處此困境，完成學業，其艱苦情形，也是意料中事。

㈤困難中，孔子是怎樣完成學業的？

1.立志：孔子自言，吾十有五而志於學，三十而立，四十而不惑，五十而知天命，六十而耳順，七十而從心所欲，不逾矩。又說三軍可奪帥也，匹夫不可奪志也。十室之邑，必有忠信如丘焉，不如丘之好學也。吾非生而知之者，好古（好讀古籍、古書），敏以求之者也。孔子自稱，其爲人也，發憤忘食，樂以忘憂。

2.勤奮：學而時習之。學如不及，猶恐失之。（學習知識好

像趕路，惟恐趕不上，趕上了，又恐失掉一般。）溫故而知新。子曰：吾嘗終日不食，終夜不寢，以思，無益，不如學也。默而識之，學而不厭。

　　3.講求學習方法：孔子名言——學而不思則罔，思而不學則殆。（此語最爲重要。）知之爲知之，不知爲不知，是知也。敏而好學，不恥下問。就有道而正焉，可謂好學也已。三人行，必有我師焉。擇其善者而從之，其不善者而改之。

　　㈥**十五——卅五歲，廿年艱苦學習中，所取得成就**：這從孔子對當時魯國國內外的政治形勢，已經看得很清楚，及與齊國國君齊景公兩次談話中，顯示出他的才幹與學問的淵博，就可以看得出來。

　　1.西周爲避免外族犬戎之侵逼，東遷洛陽。從此東周王室權力衰微。周天子只能在自己轄區內行使權力，各諸侯國自行其政。代表中央政權的周室，名存實亡，無權過問。這時有許多小國，常被大國吞併，其中晉國，公室弱，六卿專政（韓、趙、魏、智伯、范、中行），東伐諸侯。楚靈王兵強，凌轢中國（中原地帶）。齊大而近魯。魯弱小，附於楚，則晉怒，附於晉，則楚來伐，不備於齊，齊師侵魯。

　　2.齊國——原爲姜太公呂尙封地。至齊景公階段，田氏專政，大夫田乞，收賦稅於民，以小斗受之，其粟予民以大斗，行陰德於民，景公弗禁。田氏得齊衆心，宗族益強，民思田氏。晏子數諫，景公不聽。田乞卒，子田常代立。景公是時，好治宮室，聚狗馬，奢侈，厚賦，重刑。

　　3.此時魯國內亂不已，三家專政即桓公子孫季孫、孟孫、叔孫，昭公年十九，猶有童心，居喪不戚，嬉戲無度。季氏與邱氏鬥雞，季氏擣芥子播其雞羽，以坌雞目；邱氏以金鐒距，即使雞

帶兵器，雙方相互指責。郈氏以難告昭公，昭公伐季氏，三家遂共攻昭公，昭公奔齊，齊處昭公於乾侯（地名），後竟客死於外。

《論語》「學而優則仕，仕而優則學。」孔子學成，亦望求仕。當孔子三十歲時，齊景公與晏子，特自來魯，向孔子問政。在談話中，孔子便能即事取譬，一以游說景公，一以展示自己，以為進身之階。景公問：「昔秦穆公國小處僻，其霸何也？」孔子對曰：「秦，國雖小，其志大。處雖僻，行中正。身舉五羖，爵之大夫，起纍紲之中，與語三日，授之以政。以此取之，雖王可也，其霸小矣。」當時景公很是讚賞，卻並未正式引用。自古人情莫不如是：唐朝大文學家韓愈求仕，把自己比作涸水中的龍，「其得水，變化風雨，上下於天不難也。其不及水，蓋尋常尺寸之間耳。然其窮涸，不能自致乎水。」由於國家政權私有制，使人才不能得到合理使用。孔子卅五歲，不得已親自適齊，為高昭子家臣，欲以通乎景公。景公問政孔子，孔子對曰：「君君，臣臣，父父，子子。」景公曰：「善哉！信如君不君，臣不臣，父不父，子不子，雖有粟，吾豈得而食諸？」由於田氏專齊政，不利景公。他日景公復問政於孔子。孔子曰：「政在節財。」又是針對景公的弊政而言，景公悅，將以尼谿田封孔子，並以魯之季、孟之間禮節（上卿宰相與大夫之間禮節）待之。因首相晏嬰反對儒家繁重的禮節儀式，以及齊國諸大夫害孔子，孔子聞之。景公曰：「吾老矣，弗能用也。」孔子遂行，返魯。魯為周公封地，周禮不能行之於齊，卻能盛行於魯，這對他在魯國能提高個人聲望，開拓事業前途，至關緊要。他說：「誦《詩》三百，授之以政，不達；使於四方，不能專對，亦奚以為？」他對齊景公兩次的對話，就顯出出類拔萃的才幹。他已認識到人才對國家的重要性。他分析秦穆公之所以稱霸，就是能於牛口之下，大膽起用五

羧大夫百里奚，拜爲相國（宰相），授之以政。這與他「爲政在
人、人存政舉、人亡政息、人道敏政、地道敏樹」的政治思想，
是一脈相通的。說起五羧大夫也是中國歷史上有名人物，必需多
敍幾句，一以明其來龍去脈，一以見孔子學問淵博，對古代歷史
鑽研之深之廣。

　　五羧大夫即指孔子第一次與齊景公談話之時前一三三年，虞
國大夫百里奚，字井伯。年三十餘，娶妻杜氏，生一子。家貧不
遇，欲出遊，念其妻子無依，戀戀不捨。杜氏曰：「妾聞男子志
在四方，君壯年不出圖仕，乃區區守妻子坐困乎？妾能自給，毋
相念也！」家只有一伏雌，杜氏宰之以餞行。廚下乏薪，乃取屍
屙（門閂）炊之。舂黃虀（搗碎的薑、蒜或韭菜），煮脫粟飯。
奚飽餐一頓。臨別，妻抱其子，牽袂而泣曰：「富貴勿相忘！」
奚遂去。游於齊，求事襄公，無人荐引。久之，窮困乞食於銍。
時奚年四十矣。銍人有蹇叔者，奇其貌，曰：「子非乞人也。」
叩其姓名，因留飯。與談時事，奚應對如流，指畫井井有序。蹇
叔嘆曰：「以子之才，而窮困乃爾，豈非命乎？」遂留奚於家，
結爲兄弟。蹇叔家亦貧，奚乃爲村中養牛，以佐飲食之費。值公
子無知弒襄公，立爲新君，懸榜招賢。奚欲往應招，蹇叔曰：「
先君有子在外（指公子糾與小白──即後之齊桓公），無知非分
竊立，終必無成。」奚乃止。後聞周王子頹好牛，其飼牛者，皆
獲厚糈，乃辭蹇叔如周。蹇叔戒之曰：「丈夫不可輕失身於人。
仕而棄之，則不忠，與同患難，則不智。此行弟其愼之！吾料理
家事後，當至周相看也。」奚至周，謁見王子頹，以飼牛之術進。
頹大喜，欲用爲家臣。蹇叔自銍而至，奚與之同見子頹。退謂奚
曰：「頹志大而才疎，其所與皆讒諂之人，必有覬覦非望之事，
吾立見其敗也。不如去之。」奚因久別妻子，意欲還虞。蹇叔曰：

「虞有賢臣宮之奇者，吾之故人也，相別已久，吾亦欲訪之。弟欲還虞，吾當同行。」遂與奚同至虞國。時奚妻杜氏，貧極不能自給，已流落他方，不知去處。奚感傷不已。蹇叔與宮之奇相見，因言百里奚之賢。宮遂荐奚於虞公。虞公拜奚爲中大夫。蹇叔曰：「吾觀虞君見小而自用，亦非可與有爲之主。」奚曰：「弟久貧困，譬之魚在陸地，急欲得勺水自濡矣！」蹇叔曰：「弟爲貧而仕，吾難阻汝，異日若見訪，當於宋之鳴鹿村。其地幽雅，吾將卜居於此。」蹇叔辭去。奚遂留事虞公。虞公貪而愚，晉以璧馬，賂虞公，假道以伐虢，滅之。歸還，襲虞，滅之。執虞公及其大夫井伯（即百里奚）。或諷其去，奚曰：「吾食其祿久，所以報也。」晉侯欲用奚，使人通意，奚曰：「終舊君之世乃可。」會秦穆公即位六年，尚無中宮，求婚於晉，欲得晉侯長女伯姬爲夫人。奚不願仕晉，乃用奚爲媵於秦。奚嘆曰：「吾抱濟世之才，不遇明主，而展其大志，又臨老爲人媵，比於僕妾，辱莫大焉！」行至中途而逃。將適宋，道阻，乃適楚。及宛城，宛之野人出獵，疑爲奸細，執而縛之。奚曰：「我虞人也，因國亡逃難至此。」野人問：「何能？」奚曰：「善飼牛。」遂釋其縛，使之飼牛。牛日肥澤。野人大悅，聞於楚王。楚王召奚問曰：「飼牛有道乎？」奚對曰：「時其食，恤其力，心與牛而爲一。」楚王曰：「善哉，子之言！非獨牛也，可通於馬。」乃使爲圉人，牧馬於南海。卻說秦穆公見晉媵有百里奚之名，而無其人，怪之。公子縶曰：「故虞臣也，今已逃矣。」先是公子縶奉使求婚，歸秦復命，路遇一人，隆準虬鬚，以兩手握兩鋤而耕，入土累尺。命索其鋤觀之，左右皆不能舉。問其姓名，對曰：「公孫氏名枝，字子桑，晉君之疎族也。」縶曰：「以子之才，何以屈於隴畝？」枝對曰：「無人薦引耳。」縶曰：「肯從我遊於秦乎？」公孫枝曰：「士爲

知己者死，若能見挈，固所願也。」縶與之同載歸秦，言於穆公，穆公使爲大夫。此時遂謂公孫枝曰：「子桑在晉，必知百里奚之略，是何等人也？」公孫枝對曰：「賢人也。知虞公不可諫而不諫，是其智。從虞公於晉，而義不臣晉，是其忠。且其人有經世之才，但不遇其時耳！」穆公曰：「寡人安得百里奚而用之？」公孫枝曰：「臣聞奚之妻子在楚，其亡必於楚，何不使人往楚訪之？」使者往楚，還報：「奚在海濱，爲楚君牧馬。」穆公曰：「孤以重幣求之，楚其許我乎？」公孫枝曰：「百里奚不來矣！」穆公曰：「何故？」公孫枝曰：「楚之使奚牧馬者，爲不知奚之賢也。君以重幣求之，是告以奚之賢也。楚知奚之賢，必自用之，肯畀我乎？君不若以逃媵爲罪，而賤贖之，此管夷吾所以脫身於魯也。」（指齊桓公時，鮑叔牙計脫管仲之事。見後敍。）穆公曰：「善。」乃使人持羖羊之皮五，進於楚王曰：「敝邑有賤臣百里奚者，逃於上國，寡人欲得而加罪，以警亡者，請以五羖羊皮贖歸。」楚王恐失秦歡，乃使南海人囚百里奚，以付秦人。百里奚將行，南海人謂其就戮，持之而泣。奚笑曰：「吾聞秦君有霸王之志，彼何急一媵？夫求我於楚，將以用我也。此行且富貴，又何泣焉？」遂上囚車而去。將及秦境，秦穆公使公孫枝往迎於郊。先釋其囚，然後召而見之。問：「年幾何？」奚對曰：「才七十歲。」穆公嘆曰：「惜乎老矣！」奚對曰：「使奚逐飛鳥，搏猛獸，則臣已老。若使臣坐而策國事，臣尙少也。昔呂尙年八十，釣於渭濱，文王載之以歸，拜爲尙父，卒定周鼎。臣今日遇君，較呂尙不更早十年乎？」穆壯其言，正容而問曰：「敝邑介在戎狄之間，不與中國會盟（指中原地帶各諸侯國），叟何以教寡人？俾敝邑不後於諸侯，幸甚！」奚對曰：「君不以臣爲亡國之虜，衰殘之年，乃虛心下問，臣敢不竭其愚？夫雍岐之地，文、

武所興（指周文王、武王），山如犬牙，原（平地）如長蛇，周不能守，而以界之秦，此天所以開秦也。且夫介在戎狄，則兵強，不與會盟，則力聚。今西戎之間，爲國不啻數十，併其地足以耕，籍其民可以戰，此中國諸侯所不能與君爭者。君以德撫而以力征，既全有西陲，然後阨山川之險，以臨中國，俟隙而進，則恩威在君掌中，而霸成矣。」穆公不覺起立曰：「孤之有井伯，猶齊之得仲父也。」（管仲尊稱）一連與語三日，言無不合。遂爵爲上卿，任以國政。因此世人都稱百里奚爲「五羖大夫」。又以穆公舉奚於牛口之下，以奚曾飼牛於楚，故史稱：「窮百里飼牛拜相。」孔子詳知其事，舉以告景公。可謂有的放矢，利口辯辭，巧於應對。

五、孔子卅五歲——四十七歲。前後十三年從事教育工作情況。

㈠孔子自言三十而立，卅五歲，在齊求仕不成，在魯求仕又有難處，他此時轉向從事教育工作，正是他極爲明智的最佳選擇。俗話說求人不求己，孔子不愧爲聖之時者！

1.《禮記學記》古之教者，家有塾，黨有庠（五〇〇室爲黨。），遂有序（一二五〇〇家爲遂，遠在郊外。），國有學。《孟子·滕文公上》設爲庠、序、學、校以教之。夏曰校，殷（商）曰序，周曰庠。學則三代共之（夏、商、周三代）。可見古代已經有官、私教學形式的出現，孔子開創私人辦學的想法，並非偶然。

2.孔子幼年已經受到禮樂的薰陶。孔子壯年，向他學習禮樂的人已經很多。孔子，禮樂之外，更是主攻詩書，向他學習禮樂的人，轉向他學習詩書，豈不更是順理成章之事？

3.此時魯國季氏家臣陽虎，挾持季氏權柄，而季氏則僭越公

室魯侯。季氏有嬖臣仲梁懷，與陽虎有隙。陽虎執懷，季氏怒，陽虎竟敢囚季氏，與盟而釋之。魯亂如此，孔子向魯求仕亦不可能。孔子早年任季氏管倉庫飼牛羊之小官，要想像百里奚飼牛拜相，魯之當政者，尚難望其有此突破。《史記·孔子世家》寫道：「故孔子不仕，退而修詩書禮樂，弟子彌衆，至自遠方，莫不受業焉。」又說：「孔子以詩書禮樂教，弟子蓋三千焉，身通六藝者（即六經）七十有二人。如顏濁鄒之徒，尚不在七十二人之數者甚衆。」

㈡孔子辦學培養出很多人才：

1. **德行**：(1)顏淵又叫顏回，字子淵。少孔子三十歲。一簞食，一瓢飲，在陋巷，人不堪其憂，回也不改其樂。年廿九，髮盡白，早死。魯人。(2)閔子騫，少孔子十五歲。魯人。季氏使騫爲費城宰（相當今之縣市長），騫曰：善爲我辭焉。如有復我者，則吾必在汶上矣。如有人再來請求，我便逃到汶水以北的齊國去了。(3)冉伯牛（魯人），有惡疾，不欲見人，孔子自牖執其手，曰：命也夫！斯人也而有斯疾，命也夫！孔子痛之甚，以他爲有德行。(4)仲弓（魯人），少孔子廿九歲。冉雍字仲弓。孔子以爲有德行，曰：雍也可使南面。（古代：坐北面南，這是做大官的位置。）

2. **言語**：(1)宰我──宰予，字子我。魯人。利口辯辭。既受業，問：「三年之喪，不已久乎？君子三年不爲禮，禮必壞；三年不爲樂，樂必崩。舊穀既沒，新穀既升，鑽燧改火，期可以矣。」（期──周年。古代：一年之中，鑽火各異木，故曰改火。春取榆柳之火，夏取棗杏之火，季夏取桑柘之火，秋取柞楢之火，冬取槐檀之火。）子曰：「於汝安乎？」曰：「安。」「汝安則爲之。君子居喪，食旨（美食）不甘，聞樂不樂，故弗爲也。」宰我出，子曰：「予（宰予）之不仁也！子（子孩）生三年，然

後免於父母之懷。夫三年喪，天下之通義也。」按古代堯、舜、禹三帝崩，皆行三年之喪，孔子、孟子卻都沿襲古制，堅持三年之喪，難免缺憾。（見後文補紋）這裡引述宰我之言，可見其辯才，確乎不錯！(2)子貢——端木賜，字子貢，衛人，少孔子卅一歲。（事見後紋）（《子貢救魯情況》）

　　3.**政事**：(1)冉有——冉求，字子有，魯人。少孔子廿九歲。爲季氏宰。又爲季氏將師，與齊戰於郎（徐州屬地），克之。季康子曰：「子之於軍旅，學之乎？性之乎？」對曰：「學之於孔子。」康子曰：「我欲召之。」遂以禮幣迎孔子歸魯。(2)仲由，字子路。一字季路。卞人。少孔子九歲。爲季氏宰。又爲衛屬蒲邑大夫及衛大夫孔悝之邑宰。事見後紋：《子路之死》

　　4.**文學**：(1)子游——言偃，字子游。吳郡人。少孔子四十五歲。既已受業，仕魯爲兗州武城宰。孔子過，聞弦歌之聲。孔子莞爾（小笑）而笑曰：「割雞焉用牛刀？（戲以治小而用大）」子游曰：「昔者偃聞諸夫子曰：「君子學道（學禮樂）則愛人，小人學道（學禮樂）則易使。」孔子曰：「二三子，（指從行弟子）偃之言是也，前言戲之耳。」孔子以子游習於文學。《禮記·禮運》篇即孔子答覆子游之所問而發表「以禮治國」的核心篇章。爲孔子學說奠定理論基礎。(2)子夏——卜商，字子夏，衛人，少孔子四十四歲。仕魯，曾爲莒父宰（相當今之縣市長），文學著於四科（德行、政事、言語、文學），序《詩》，傳《易》及《禮》。孔子又以《春秋》屬商。孔子既沒，居西河（今山西汾河地帶，靠近龍門。）教授經義，魏文侯師事之，並諮問國政。文侯問於子夏曰：「吾端冕而聽古樂，則唯恐臥。聽鄭、衛之音，則不知倦。敢問古樂之如彼何也？新樂之如此何也？」子夏對曰：「鄭音好濫淫志，宋音燕爾溺志，衛音趨數煩志，齊音傲僻矯志，

此四者，皆淫於色而害於德，是以祭祀弗用也。」另據《史記·儒林列傳》魏國賢士如田子方、段干木、吳起、禽滑釐之屬皆受業於子夏。子夏之子死，哭之失明。《禮記·檀弓上》子夏喪其子而喪其明。曾子（參）吊之，曰：「吾聞之也，朋友喪明則哭之。」曾子哭。子夏亦哭，曰：「天乎！予之無罪也。」曾子怒，曰：「商！汝何無罪也？吾與汝事夫子於洙、泗之間，（孔子故居——闕里，背邾面泗。）退而老於西河之上。使西河之民，疑汝於夫子有隔膜和不睦，爾罪一也。喪爾親，使民末有聞焉，爾罪二也。喪爾子，喪爾明，爾罪三也。而曰汝何無罪歟？」子夏投其杖而拜，曰：「吾過矣，吾過矣！吾離群而索居，亦已久矣！」山西汾州有隱泉山，山崖壁立，崖半有一石室，去地五十丈，頂上平地十頃許。此爲子夏石室，退老西河居此，有卜商神祠。

　　5.孔子未列入四科之中，而居於四科之外，有二人，值得多敍。(1)曾參，魯南武城人，字子輿，少孔子四十六歲。通孝道，作《孝經》。《孝經》中有諫諍章：天子、諸侯、大夫有爭臣，士有爭友，父有爭子，故云當不義不爭，則非忠孝。《禮記·曾子問》列有專章。《禮記·大學》其中經一章，孔子之言，曾子述之（共二〇五字），其傳十章，則曾子之意，而門人記之。曾子自言：「吾嘗仕爲吏，祿不過鍾釜，尙猶欣欣而喜者，非以爲多也，樂道養親也。親沒之後，吾嘗南遊於越，得尊官，堂高九仞，榱提三尺，躬轂百乘，然猶北向而泣者，非爲賤也，悲不見吾親也。」衛人吳起，魯魏大將，相楚。世傳《吳子兵法》，娶齊女。嘗學於曾子，事魯君。齊攻魯，欲將吳起，疑之。起欲就功名，竟殺妻以求將。母死，不奔喪，曾子薄之，而與起絕。(2)原憲——字子思，宋人，少孔子卅六歲。子思問恥。孔子曰：國有道，穀（應該食祿執政）。國無道，穀，恥也。（國無道而在

其朝，食祿，是恥辱。）按此語最爲重要，對當今之世，居高位而無所作爲和建樹，豈不是一當頭棒喝？孔子卒，原憲遂亡在草澤中，（隱居於衛）子貢相衛，而結駟連騎，排藜藿入窮閻，過謝原憲。憲攝敝衣冠見子貢。子貢恥之，曰：「夫子豈病乎？」原憲曰：「吾聞之，無財者謂之貧，學道而不能行者，謂之病。若憲，貧也，非病也。」子貢慚，不懌而去，終身恥己言之過也。司馬遷稱贊孔子弟子：多異能之士，作《史記·仲尼弟子列傳》以傳世，搜集整理和保存了很多有關諸弟子的珍貴史料，記載詳，厥功甚偉。

六、孔子爲教學需要，整理《六經》，傳習《六藝》的情況

　　孔子教育弟子三千，不能沒有課本，否則空口說白話，將無補於實際，著手整理經書，這是勢所必行之事。《六經》司馬遷編寫《史記》階段，叫《六藝》──《詩》、《書》、《易》、《禮》、《樂》、《春秋》。

　　㈠《詩經》──古來詩歌三千餘篇，及至孔子，去其重複，整理爲三〇五篇，孔子皆弦歌之。取其整數，便於言談，簡稱《詩》三百篇。按其內容性質，和樂調之不同，分爲風、雅、頌三類。

　　風──即指國風，各國鄉土歌樂。有十五《國風》──周南、召南、邶、鄘、衛、王、鄭、齊、魏、唐、秦、陳、檜、曹、豳共十五國，一六〇篇。多係歌人口頭詩歌創作，生活感受愈深，創作技巧愈高，是勞動人民對統治者，反壓迫、反剝削，追求理想的心聲。以民歌爲核心，是《詩經》中的精華部份。如《魏風·伐檀·碩鼠》「坎坎伐檀兮，寘之河之干兮。不稼不穡，胡取

禾三百廛兮？不狩不獵，胡瞻爾庭有懸狟兮？彼君子兮，不素餐兮！」「碩鼠碩鼠，無食我黍！碩鼠碩鼠，無食我麥！碩鼠碩鼠，無食我苗！」

雅——即夏的同音字。古代雅夏通用。雅即周王畿（即華夏地區）的歌樂。雅分大雅、小雅，即樂曲分大小曲調的意思。大雅三十一篇，小雅七十四篇，共一〇五篇。說雅，指歌咏王政之廢興。政有小、有大，故雅有小雅、大雅。大雅大部分是敍述周的祖先重要史跡和武功，有的還含有教訓、規諫的意思，可以稱之謂我國最早的史詩。小雅的大部分，是周室衰微以後的政治諷喻詩，一部分出自貴族文人之手，其餘屬於民謠。也是《詩經》中的重要部分。如《大雅·蕩之什》當時周文王還是商紂王的屬國，進行規諫於紂王。文王曰：咨汝殷商，殷鑒（鏡子）不遠，在夏后之世！（指夏后啓之末代君王夏桀，寵妹喜而亡國。以此諷諫紂王之寵妲己。）《小雅·何草不黃》匪兒（不是犀牛）匪虎（不是虎），率彼曠野（沿著哪曠野奔跑）。哀我征夫，朝夕不暇。

頌——《周頌》三十一篇，《魯頌》四篇，《商頌》五篇，共四〇篇。其內容多係朝廷祭祀祖先太廟，贊美功德的樂曲。

《詩經》風、雅、頌三〇五篇，其寫作手法，有賦、比、興三種。賦是直接鋪陳，比是譬喻和比擬，興是先言他物，然後引出所喻之詞。《國風》多用比和興。《大雅》多用賦。

《詩經》對我國文學的發展，具有深遠的影響。自漢以來，注釋詩經的著作，不下千種。著名的有漢代人的《毛詩鄭箋》（毛亨的《毛詩傳》、和鄭玄字康成的《箋》），有唐人的《毛詩正義》（《毛詩鄭箋》加唐孔穎達《正義》加唐陸德明《毛詩釋文》三書合併），有南宋朱熹的《詩集傳》。有今人余冠英《詩

經選》、《詩經選譯》。有今人陳子展《國風選譯》、《雅頌選譯》。

　　《詩經》對孔孟來說，認爲它是古代的珍貴文獻。「不學詩，無以言（不會說話）。不學《禮》，無以立（不能立足於社會）。」（《論語·季氏》）「《詩》可以興（可以提高辨別善惡是非的能力）。可以觀（可以提高觀察力）。可以群（可以提高合群性）。邇（近）之事父，遠之事君（國家），（都可以用得著。）（還可以）多識於鳥獸草木之名（《陽貨》）」。「興於《詩》（從《詩經》中可以得到辨別是非善惡的能力）。立於《禮》（從《禮經》可以得到立足爲社會、爲人做事的道理）。成於《樂》（從《樂經》中可以完成修養。」（《泰伯》）子曰：「誦《詩》三百，授之以政，不達；使於四方，不能專對（對應），雖多，亦奚以爲？」（《子路》）它的正面即是：誦《詩》三百，可以爲政以達（通達），使於四方，可以就所問，對答如流。這樣誦《詩》不多，卻也收穫很大。

　　㈡《尚書》，又叫《書經》。雖稱上古之書，但它的年限，卻不包括三皇、五帝，也只從堯帝、舜帝開始，經過夏、商、周三代，迄至春秋魯僖公三十三年，秦穆公伐鄭，晉襄公率師敗諸崤（今河南西部），還歸（晉釋放秦軍三統帥孟明視、西乞朮、白乙丙返回秦國），作《秦誓》時止。（穆公深悔不聽老臣蹇叔和百里奚的勸諫，致遭全軍覆滅，悔恨能改，作此誓辭。）大約距今四千年至二千六百年間，計一四○○年的官方歷史檔案材料。包括典章制度、訓誥、誓辭、冊命，涉及政治、經濟、軍事、哲學思想、宗教、刑法、歷法、地理等領域，範圍很廣。爲研究古代社會不可缺少的歷史文獻。它是產生孔、孟學說，歷史根源的一個最爲重要組成部分。除此之外，就是《春秋》，見末章，另

題敍述。《尚書》原有三二四〇篇，用作教本，教育三千弟子，孔子刪爲一〇〇篇，經過秦始皇焚書，及秦末戰火，今存《尚書》共五十八篇。《虞書》（舜）五篇，《夏書》（禹）四篇，《商書》（湯）十七篇，《周書》三十二篇。孔子作了《書序》即每篇篇首前，作了簡短的介紹和說明，即今所謂題解。

《虞書》（舜）五篇——堯典、舜典、大禹謨、皋陶謨、益稷。

《夏書》（禹）四篇——禹貢、甘誓、五子之歌、胤征。

《商書》（湯）十七篇—湯誓、仲虺之誥、伊訓、太甲上、太甲中、太甲下、咸有一德、盤庚上、盤庚中、盤庚下、說命上、說命中、說命下、高宗肜日、西伯戡黎、微子。

《周書》三十二篇—泰誓上、泰誓中、泰誓下、牧誓、武成、洪範、旅獒、金縢、大誥、微子之命、康誥、酒誥、梓材、召誥、洛誥、多士、無逸、君奭、蔡仲之命、多方、立政、周官、君陳、顧命、康王之誥、畢命、君牙、冏命、呂刑、文侯之命、費誓、秦誓。

㈢《周易》，又稱《易經》。《易·繫辭下》：古者伏羲氏，仰觀象於天，俯觀法於地，近取諸身（如男女），遠取諸物（如晝夜、寒暑、牝牡、生死）始作八卦。特別觀變於陰（—）陽（—）而立卦。有天道，有人道，有地道。立天之道曰陰與陽，立地之道曰柔與剛，立人之道曰仁與義，兼三才而兩之，故《易》六畫而成卦。

八卦的自然現象	天、地、雷、風、水、火、山、澤
	父母　　　　　子女
卦　　　　　名	乾、坤、震、巽、坎、離、艮、兌
	父母　　　　　子女

卦　　　　　形	☰ ☷ ☴ ☳ ☲ ☵ ☶ ☱		
對　立　現　象	天 地	風 雷	火 水	山 澤
（宇宙間三種有用之才）	天　道	陰 陽 —男女、雌雄、晝夜、寒暑、生死		
	地　道	柔—（土壤）水、土、泥、沙 剛—（金屬、岩石）金、銀、銅、鐵、錫、岩石		
	人　道	仁（上對下）君臣（政權—平民）、父子、長幼 　　　　　　　　（國———民） 義（下對上）臣對君、民對國、子對父、幼輩對長輩		

　　《易》兼三才而兩之，故《易》六畫而成卦。伏羲作八卦，周文王拘羑里而演成六十四卦（８×８）。每卦成六爻，共三八四爻（６４×６）。文王作卦辭、爻辭。一說文王作卦辭，周公旦作爻辭。孔子晚年，更對卦辭、爻辭，作補充說明和闡述，叫《十翼》──《彖》（上、下）、《象》（上、下）、《繫辭》（上、下）、《文言》、《序卦》、《說卦》、《雜卦》。

　　六十四卦卦名：乾、坤、屯、蒙、需、訟、師、比、小畜、履、泰、否、同人、大有、謙、豫、隨、蠱、臨、觀、噬嗑、賁、剝、復、無妄、大畜、頤、大過、坎、離、咸、恒、遯、大壯、晉、明夷、家人、睽、蹇、解、損、益、夬、姤、萃、升、困、井、革、鼎、震、艮、漸、歸妹、豐、旅、巽、兌、渙、節、中孚、小過、既濟、未濟。

　　卦辭──斷一卦的吉凶。

　　爻辭──斷一卦吉凶的發展變化。司馬遷曰：《易》以道（說明）化（變化）。它與現代辯證法則中由量變到質變，由質變

到量變的含義相類似。

《易經》作為卜卦，以決吉凶的書，已跨入神學體系，這與各種宗教的經典無異。以純粹的抽象思維，在沒有現代自然科學做思想基礎，憑著直觀與直覺，孔子勾畫出他對自然界和人類社會的總體看法。在二千五百年前的時代裡，孔子有這麼高的成就，正說明他是思想家，是當之無愧的。

1.他說：有天地然後有萬物，有萬物然後有男女，有男女然後有夫婦，有夫婦然後有父子，有父子然後有君臣，有君臣然後有上下，有上下然後禮義有所錯（措）。這完全正確而具有科學性。但需要引申。有天地然後有萬物，有萬物然後有男女，有男女然後有夫婦，有夫婦然後有父子，有父子然後有人類社會，有人類社會然後有國家，有國家然後有統治者與被統治者（君臣），有統治者與被統治者然後有上下，有上下然後禮義有所措。相關而言：有父子然後有上下，有上下然後禮義有所措。相關而言：自從人類社會出現民主國家以後，人人享有自由、平等的權利。有人民然後有國家，然後有民選政府，有民選政府然後有法制，有法制然後有國家安寧，有國家安寧然後有世界太平。其中政治民主，經濟自由，思想實現孔子、孟子以仁為核心的哲學思想（以後詳敘），是問題的關鍵所在，至關重要。有民主政治，然後才有真正的法制。國家政權私有制度下的法制，是保護統治者，壓迫人民的工具。顯然有它的一定的獨立性，如王子犯法，與庶民同罪。商鞅實行法治，太子犯法，刑其傅，黥其師，這個獨立性，也就化為烏有。

2.孔子對自然界、人類社會，甚至人的思想行為，他的總體看法，也是正確的，而富有科學性的。他說：有天道焉，有地道焉，有人道焉。道有變動。為道也屢遷，變動不居，周流六虛（

東、西、南、北、上、下），上下無常，剛柔相易，不可爲典要，唯變所適。天下同歸而殊塗，一致而百慮。日往則月來，月往則日來，日月相推而明生焉。（這完全出於直觀，二千五百年以前，孔子思想不可能有現代自然科學做思想基礎。寒往則暑來，暑往則寒來，寒暑相推而歲成焉。往者屈也（由盛而衰），來者信（伸）也（由衰而盛），屈信（伸）相感而利生焉（類似新陳代謝）。尺蠖之屈，以求信也（伸）。龍蛇之蟄，以存身也。窮神知化（變化）德之盛也。機者動之微，吉之先見者也。君子見幾而作，不俟終日。（對問卜者而言，《易經》之所以能起預測吉凶作用，就在這幾句。他可憑此而避凶迎吉，把握有利的機會。）天地絪蘊，萬物化醇，男女構精，萬物化生。生生之謂《易》。天地之大德曰生，聖人之大寶曰位，何以守位曰仁，何以聚人曰財，理財（收稅、用稅）、正辭（即孔孟哲學思想的弘揚和傳播）、禁民爲非曰義（即法制建設與刑罰）。

　　天地革而四時成。湯武革命（湯王武王），順乎天而應乎人。《革》之時大矣哉！積善之家，必有餘慶；積不善之家，必有餘殃。臣弒其君，子弒其父，非一朝一夕之故，其所由來者漸矣，由辯之不早辯也。

　　3.作爲孔子哲學思想的來源，《易經》一書，起了什麼作用呢？《繫辭下》曰：「《易》之爲書也，廣大悉備：有天道焉，有地道焉，有人道焉。」《說卦》「昔者聖人之作《易》也，將以順性命之理（即將以順客觀自然規律），是以立天之道曰陰與陽，立地之道曰柔與剛，立人之道曰仁與義。」《序卦》有天地然後有萬物，有萬物然後有男女，有男女然後有夫婦，有夫婦然後有父子，有父子然後有君臣（政權與百姓），有君臣然後有上下，有上下然後禮義有所措（設置、規範）。簡單地說：人類社

會是一個有機的統一體。人，是社會人。社會人必然需要仁義，需要禮義，作爲彼此相處、相聯繫的媒介。《孟子·離婁下》：「人之所以異於禽獸者幾希？庶民去之，君子存之。」按庶民去之，即指庶民（一般人）拋棄了仁義與禮義。君子存之，即指君子保存了仁義與禮義。

　　《禮記·曲禮上》：「鸚鵡能言，不離飛鳥。猩猩能言，不離禽獸。今人而無禮，雖能言，不亦禽獸乎？夫爲禽獸無禮，故父子聚麀。是故聖人作，爲禮以教人，使人有禮，知自別於禽獸。」

　　同樣，簡單地說：人，是自然人。自然人生而有欲，這本與禽獸無異。「欲」的發展，推動生產發展，推動經濟繁榮，推動社會文明進步。但「欲」的發展，也產生「人患」，產生「爭奪相殺」（見《禮運》篇），也產生「臣弒君」，「子弒父」，「父子爭國」，「兄弟爭國」。拿古今社會來說：行賄受賄，貪贓枉法，搶劫犯，盜竊犯，強奸犯，則層出不窮。拿民主社會來說，雖程度減弱，制止得快，卻有所謂貪污醜聞，婚外情，性騷擾。從實言之，「欲」有合理與不合理，但「欲」勝於禮，「欲」勝於仁，「欲」勝於義，則是不可顚撲的事實。對此怎麼辦呢？則是《易經》所說的：「立人之道曰仁與義。」使「有上下然後禮義有所措。」這個上下就是《尙書·舜典》中的五教：父義、母慈、兄友、弟恭、子孝。和《禮記·禮運》篇中的十義：父慈、子孝、兄良、弟悌、夫義、婦聽、長惠、幼順、君仁、臣忠。（政權仁，百姓忠）這個禮與欲的矛盾運動過程，即禮與欲又對立，又統一的矛盾運動過程，只要人類社會存在，這個運動過程，就永遠不會停止。只要社會中每一單個的人存在，這個單個的人，這一對矛盾的運動過程，就不會停止。《論語·泰伯》曾子曰：「仁以爲己任，不亦重乎？死而后已，不亦遠乎？」（按這裡的

仁即禮。做人難，因爲他擔負著重任（禮），道路又遠，死而後已。但做人也易，因爲只要瞭解了，掌握了孔子的哲學思想，並且能夠付諸行動，說難，也就不難了。

孔子亦傳《易》於魯人商瞿。瞿八代傳菑川人楊何。何以治《易》任漢武帝中大夫之官職，司馬遷父親老太史公司馬談亦曾受《易》於楊何。

㈣《禮記》，又稱《禮經》。其中《大學》篇爲孔子高足曾參所作。《中庸》篇爲孔子之孫子思所作。南宋朱熹將這兩篇抽出，與《論語》、《孟子七篇》合併，稱爲《四書》。再與《詩》、《書》、《易》、《禮》、《春秋》合併，成爲《四書五經》，爲我國流傳最古，影響最大的儒家經典著作。再擴大爲《十三經》，包括《詩》、《書》、《易》、《禮》、《周禮》、《儀禮》、《春秋左傳》、《春秋公羊傳》、《春秋穀梁傳》、《論語》、《孝經》、《爾雅》、《孟子》。南宋以後，元、明、清三代，科舉取士，都從《四書》中選題，《五經》中任考治一經命題，從此莘莘學子，把《四書五經》都鑽深鑽透，特別對《四書》都讀得滾瓜爛熟，以應科場考試，圖取金榜題名了。惟《禮記》最爲難讀難懂，至今依然。太史公司馬談、司馬遷父子，更是以此而作出結論：一則曰儒者博而寡要，勞而少功，是以其事難盡從。再則曰儒者以《六藝》（即《六經》）爲法，《六藝》經傳以千萬數，累世不能通其學，當年不能究其禮，故曰博而寡要，勞而少功。漢儒便以治一經，習一經，傳一經爲主。而禮則善爲容（贊禮、頌禮、或稱相禮），不能通《禮經》，或能通者，卻未善。魯徐生，善爲容，孝文帝時，以容爲禮官大夫，及至傳子至孫。

1.《禮經》共收入四十九篇——曲禮上下、檀弓上下、王制、月令、曾子問、文王世子、禮運、禮器、郊特牲、內則、玉藻、

明堂位、喪服小記、大傳、少儀、學記、樂記、雜記上下、喪大
記、祭法、祭義、祭統、經解、哀公問、仲尼燕居、仲尼閑居、
坊記、中庸、表記、緇衣、奔喪、問喪、服問、間傳、三年問、
深衣、投壺、儒行、大學、冠義、婚義、鄉飲酒義、射義、燕義、
聘義、喪服四制。其中只有禮運、大學、中庸、學記、經解、哀
公問、仲尼閑居（答子夏問）、儒行、樂記等九篇可讀。其餘四
十篇，部分可讀，或大部，或全部不可讀。一是難讀：凡進食之
禮：毋摶飯。毋放飯。毋流歠。毋咤食。毋嚙骨。毋反魚肉。毋
投與狗骨（《曲禮上》）。天子玉藻，十有二旒，前後邃延，尤
卷以祭（《玉藻》）。父母之喪，居倚廬，不涂，寢苫枕塊，非
喪事不言（《喪大記》）。二是難懂：斬衰之葛，與齊衰之麻同。
齊衰之葛與大功之麻同。麻同，皆兼服之（《喪服小記》）。非
從柩與反哭，無免於堩。凡喪，小功以上，非虞、附、練、祥、
無沐浴（《雜記下》）。三是難從：三年之喪，時間太長。孔子
弟子宰我有反感，與孔子同時的齊國宰相晏嬰也反對。戰國時期
齊宣王主張短喪，滕國父老百官皆反對。太史公司馬遷亦持反對
態度，西漢文帝便施行短喪。四是過於形式化：父母之喪：衰冠，
繩纓，菅屨，三日而食粥，三月而沐，期十三月而練冠，三年而
祥（《喪服四則》）。按三年之喪，時間太長，難以施行。但其
立意則非常懇摯親切，令人感奮。禮書中言：凡生天地之間者，
有血氣之屬，必有知。有知之屬，莫不知愛其類。今是大鳥獸，
則失喪其群匹，越月逾時焉，則必反巡，過其故鄉，翔回焉，鳴
號焉，躑躅焉，踟躕焉，然後乃能去之。小者至於燕雀，猶有啁
噍之頃焉，然後乃能去之。故有血氣之屬者，莫知於人，故人於
其親也，至死不窮（至死不忘父母之慈愛）。將由夫愚陋邪淫之
人與？則彼朝死而夕忘之，然而從之，則是曾鳥獸之不若也。

2.《禮記》中有些內容和段落，爲後世所垢病，從而引起強烈的反抗：

《曲禮上》：禮不下庶人，刑不上大夫。

《曲禮下》：晉獻公將殺其世子申生（君位繼承人），申生本可出走，以避其難。而是愚忠、愚孝，用牽牛鼻子的繩子，自殺於曲沃之新城廟內。示人以君要臣死，不得不死，父要子亡，不得不亡的惡劣範例。（事見《史記·晉世家》）

《曲禮下》：曾子在臨死前的一刻，發覺僕人告訴他所睡的席子是魯國當權大夫季孫所賜的華麗耀目的簀子。叫他兒子起而易簀，他兒子說：「夫子之病革矣，不可以變，幸而至於旦，請敬易之。」曾子曰：「爾之愛我也不如彼（指僕人），君子之愛人也以德，細人（小人）之愛人也以姑息。吾何求哉？吾得正而斃焉，斯已矣！」舉扶而易之，反席未安而沒。此段告人以儒家守禮迂腐、拘板極矣。

《郊特牲》：信，婦德也。信，事人也。壹與之齊，終身不改，故夫死不嫁。婦人，從人者也，幼從父兄，嫁從夫，夫死從子。

一是這些內容都不是孔子思想的主流。二是《禮記》一書，是孔子死後，曾子、子夏、子游、子貢、孔子之孫子思等所共同編輯，書成於戰國初期。其中《王制》是漢文帝令博士、諸生所作，記先王班爵、授祿、祭祀、養老之法度。《月令》記四季氣候變化，國家行政應記合農桑生產等事，爲秦始皇時丞相呂不韋集諸儒士所作，列爲《呂氏春秋》又稱《呂覽》中之首篇。曾子（參），魯人，戰國時期在魯講學，殺妻求將的吳起，就是曾子的門生。曾子是純孝的人，性情比較拘板，孔子生前曾說過：「參也魯（遲純），柴（高柴）也愚，回（顏回）也屢空。」他作

過《孝經》。《大學》也是他記述寫作的。當時子夏（卜商）在魏西河講學，子貢曾相魯、衛。他們欲編輯出版孔子生前有關禮的言論，以及他們自己的言論，這是比較輕而易舉的。特別曾子更是主要編輯人物，《禮記》收入他的言論也很多。當時子思也在魯講學，他的一些言論，已收入《禮記》之中，特別《中庸》，是他所作。《晉獻公殺世子申生》一文，不難揣想：就是曾子經手編入的，他提倡純孝，世子申生自殺，就是純孝的表現。但這與孔子的思想卻遠相背離。孔子說：「天下可均也，爵祿可辭也，白刃可蹈也，中庸不可能也。」申生走「出逃」之一路，不正是中庸之道麼？而他愚孝、愚忠不能出此，則是中庸不可能也。曾參魯鈍，怎能有孔子高超的思維能力？曾子作《孝經》。《孝經》中本有諫諍章：「天子、諸侯、大夫有爭臣，士有爭友，父有爭子。」並說：「當不義，不爭，則非忠孝。」可是曾子竟淡然忘之。或後儒，及所謂後聖（國君）有意使君權、父權、夫權「至上化」而予更改和刪除乎？孔子死了，孔子弟子死了，死無對證，而影響後世，卻非常嚴重，可不懼哉！要清算這一歷史陳案，仍應歸咎於國家政權私有制、君主專政、黨魁專政等等流毒之不可饒恕。再《曾子易簀》載入《禮記》，顯而易見，這是曾子弟子樂正子春，現場記錄，曾子已死，究竟是誰收入《禮記》的？不得而知，但決非孔子思想，則可斷言。以上二文，為清初康熙年間吳楚材、吳調侯，他二人所編選的《古文觀止》所編入。這部書，長期流行，影響很大。國內大陸點校先生則說：申生行為極端可笑，而作者站在儒家立場，竟作正面人物加以歌頌，可見儒家禮教之荒謬。按實而言：孔子連帶受此惡名，公道乎？不公道乎？至於禮不下庶人，刑不上大夫，這與國家政權私有制密不可分，無論是明文規定，或隱蔽方式進行，這種貴賤等級的差別，

這是那一個朝代都滅不了的。所謂皇親國舅，所謂統治階層做大官的人，享受種種特權，這是衆所周知之事。只有施行民主政治，才有可能逐漸消滅，或徹底消滅這種特權思想和特權行爲。上述這個話，是否孔子說的，孔子死了，孔子諸門生弟子也都死了，死無對證。

至於婦女，在家從父兄，出嫁從夫，夫死從子。自從人類父系社會，家庭關係形成以來，男子在家庭中，在經濟地位上，負擔生產、生活的主要職責，婦女在經濟上處於從屬地位，因此婦女在社會上，在家庭中，在意識方面，與男子相比，都處於不平等地位。男女平等，只有在經濟上達到平等，在意識上、在社會、家庭中，才能實現男女權利的眞正平等。這個加在婦女頭上的「三從」，是社會、家庭經濟關係中，所演變出來的。要實現男女眞正的平等，只有提高婦女的教育程度，保障婦女就業的平等機會，幫助解決婦女因生理特點而需要特殊的福利、保健制度等等。「三從」不是禮教之故，而是形勢所必然。

至於壹與之齊，終身不改，故夫死不嫁。這是違反人性，是非常殘忍冷酷害人的行爲。夫死，婦女改嫁和不改嫁，由婦女自己去決定，任何人不能加以干預。國家政權私有制，在過去把君權提高到至高無上，同樣把父權、夫權也提高到至高無上。有所謂君爲臣綱，父爲子綱，夫爲妻綱。有所謂君要臣死，不得不死。父要子亡，不得不亡。有所謂烈女不事二夫。因此後世把反對「吃人的禮教」的口號也就熱烈提出來了。

一是《禮記・郊特牲》夫死不嫁是不是孔子的眞實思想？二是是誰把「夫死不嫁」四個字，刻入《禮記》版籍中去的？孔子死了，孔子的門生弟子也死了，死無對證。要徹查二千五百年前的歷史陳案，不如說要徹查二千五百年來，國家政權私有制的流

毒！更有進者，孰知夫《禮記》的菁華究竟在哪裡？孰知夫菁華中的精髓又在哪裡？孰知夫孔子的擁護者——歷代君王，他們擁護的東西是什麼？孰知夫孔子的反對者，他們反對的東西又是什麼？要回答這些節骨眼的問題，請看下面分析。

3.《禮記》的菁華在《禮運篇》。《禮運篇》的精髓在孔子辯證的理論思維。在孔子的以禮治國的哲學思想。孔子的以禮治國的哲學思想，即就是孔子以仁治國的哲學思想。在這裡姑且擱置，留待末章詳細討論。而孔子的擁護者——歷代君王，他們所擁護的東西，是孔子所講習的一些禮的枝節和禮的形式。孔子的反對者，他們所反對的東西，也正是這些禮的枝節和禮的形式。

何謂孔子的辯證理論思維？

(1)人生而有欲。

《禮運篇》中，子曰：「飲食、男女，人之大欲焉。死亡、貧苦，人之大惡存焉。」這是孔子所說的：喜、怒、哀、懼、愛、惡、欲七種人情。這七種人情中，惡與欲是最基本，而又是主要的兩種人情。他又說：「七者弗學而能。」所惡者死亡、貧苦，它的對立面——就是求生存，求財富，以滿足經常生活需要，並且要求最圓滿地不斷的提高。總的一句話：就是人生而有「欲」，而欲是無止境，無窮盡，是弗學而能，不學而會的。

(2)人生而有禮。

人，生而與人相處。與人相處，必需有一個共生、共存的共同相處的空間，這個共同相處的空間，就叫做禮。禮適用於不同身份，不同社會和政治地位的人，就叫做義。所以孔子在《禮運篇》中說：「禮也者，義之實也。」他又說：「何謂人義？父慈，子孝，兄良，弟弟（悌），夫義，婦聽，長惠，幼順，君（國家）仁，臣（人民）忠。（詩經：普天下之下，莫非王土，率土之濱，

莫非王臣。這個臣，就是指平民百姓。）此十者謂之人義。事實上，古代的人，或現代的人，生來而要與家庭的人、社會上的人打交道，要與國家政權打交道。這三者的共同相處，所適用的禮，就是人之十義。（父慈，子孝，兄良，弟悌，夫義，婦聽，長惠，幼順，君仁，臣忠。）

　　(3)人，生而有欲。人，生而有禮。欲與禮，是一人而兩任焉。欲與禮，是人生活在社會中，又對立，又統一的一對矛盾。一方面要爲己，一方面也要爲人，形成矛盾又對立、又統一的矛盾運動過程。

　　(4)任何矛盾的兩個對立面，力量不是均衡的，而是不均衡的，要分主要方面與次要方面。主要方面起主導作用和支配作用，次要方面往往處於被支配地位，常受主要方面的擠壓、排斥，甚至擺在一邊，不加考慮。以欲與禮而言，欲是主要方面，禮是次要方面，禮常常受到排斥，這就要靠自身的教養，家庭的教養，學校的教養，社會的教養，以及國家的力量，推動禮的力量的加強和伸張，使它能制約「欲」的一方面，不致損害他人，損害公衆的利益，而又要適可而止，不致挫傷「欲」的不損害人，不損害公衆利益的正當的、合理的需求，這就是孔子的思想。要經過《禮運》中所說的：（禮）以著其義，（禮）以考其信，（禮）以著其過，刑（型）仁講讓，示民有常。如有不此者，在勢（位）者去，（沒有用「禮」治事治國的人，要退下來。）衆以爲殃。（沒有遵循「禮」的人和事，人人都會認爲是社會的禍害。）這就是孔子的辯證理論思維。也就是孔子以禮治國的思想。我們從《禮運》中所闡述的，可以看到：古代沒房屋，冬居窟穴，夏居橧巢，由於「欲」的推動，發展到台榭宮室戶牖。沒有火化，食草木之實，鳥獸之肉，飲血茹毛，由於「欲」的推動，發展到範

金、合土（造屋用），以炮、以燔、以烹、以炙、以爲醴酪。沒有衣服，衣羽毛，由於「欲」的推動，治絲麻，以爲布帛。用犬、豕、牛、羊，充滿簠、簋、籩、豆、鉶、羹等祭器，奏以琴瑟、管磬、鐘鼓，燒香燃燭，敬奉祖先和天地。孔子曰：「天生時，地生財，人其父生，而師教之。四者君以正之。」（即國家政權起組織領導作用）所以歷代居民每天早晚，都要裝香敬奉天、地、君、親、師位，這塊牌位。大概既是遵循孔老夫子的教導，也是順乎人情的必然趨勢。孔子的辯證理論思維，他清醒的看到：由「欲」的推動和發展，也產生嚴重的社會問題──那就是《禮運篇》中所說的「爭奪相殺，謂之人患。」「謀用是作，而兵（戰爭）由此起。」「城郭溝池以爲固。」怎麼辦呢？唯一辦法，就是要做到孔子所說：「禹、湯、文、武、成王、周公，由此其選也。」「此六君子者，未有不謹於禮者也。」有了賢能如六君子的人，來主持國政，然後「用人之知（智）去其詐，用人之勇去其怒，用人之仁去其貪。」「百姓則君以自治（則君──以君爲準則），養君以自安，事君以自顯，故禮達而分定，人皆愛其死而患其生。」「國有患，君死社稷，大夫死宗廟。」

　　孔子更重複地說：「聖人耐（能）以天下爲一家，以中國爲一人者，非意之也，必知之所以治人七情（主要指人，生而有「欲」，弗學而能的這個人性，也是天性。），修十義，講信修睦，尙辭讓，去爭奪，然后能爲之。」「欲、（惡）者，心之大端也，人藏其心，不可測度也。美、惡（音鵝）皆在其心，不見其色也，欲一以窮之，捨禮何以哉？」孔子顯示他的辯證理論思維，還指出過：即使照上述情況做了，也只能達到「小康」社會。（《十三經注疏》釋爲「小安」社會。這是對的。）要由小安社會，繼續前進，達到「大順」社會，還有許多事要做。他說：「禮之於

人也，猶酒之有糵也（釀酒用的麴），君子以厚，小人以薄。故聖王修義禮以治人情（即以義禮治人「欲」）。故人情（人欲）者，聖王之田也，修禮以耕之，陳義以種之，講學（教育）以耨之（中耕除草），本仁以聚之，（即以仁爲最終歸宿。）播樂以安之。故禮也者，義之實也。仁者，義之本也。（此四句爲本文末章以禮治國，即以仁治國，做了先導。）

　　往後，孔子又反覆論述：故治國不以禮，猶無耜而耕也（指耕人情，這個田。人情——即人生而有之之「欲」）。爲禮不本於義，猶耕而弗種也。爲義不耕之以學，猶種而弗耨也。講之以學而不合之以仁，猶耨而弗穫也。合之以仁而不安之以樂，猶穫而弗食也。安之以樂而不達於順，猶食而弗肥也。四體既正，膚革充盈，人之肥也。父子篤，兄弟睦，夫婦和，家之肥也。大臣法，小臣廉，官職相序，君臣相正，國之肥也。天子以德爲車，以樂爲御，諸侯以禮相與，大夫以法相序，士以信爲考，百姓以睦相守，天下之肥也。是謂大順。大順者，所以養生、送死、事鬼神（指祖先天地）之常也。（本來對大多數人來說：人生就是養生、送死、敬祀祖先三大端。立功、立德、立言，係指有特殊貢獻的人而言。也爲一般人中，有賢能之士，作爲奮鬥之目標。也可以說是「欲與禮」的最崇高的統一。即孔子所說，爲司馬遷所奉承的：「君子疾沒也而名不稱焉。」）

　　孔子《禮運》接著說：「故事大積焉而不苑（不積滯），並行而不繆，細行而不失，深而通，茂而有間，連而不相及也，動而不相害也，此順之至也。（此爲孔子的談話，爲弟子言偃（子游）所記錄。子游爲文學科高材，這段文字何等順溜，非師徒對事理的深透理解和文學修養的高超，曷克至此！）孔子之辯證理論思維：並未到此止步。而是說：「明於順，然后能守危也。」

（按辯證法，大順就隱藏著大不順，成爲一對新的矛盾，又對立，又統一。而矛盾的主要方面是大順，它決定萬物的性質，即社會是大順的社會，而內部大不順的因素，仍然存在，不過它已經處於次要地位。只要居安思危，愼重主政，不會引起大亂。）

孔子接著又說：「故禮之不同也，不豐也，不殺也（不均衡），所以持情合危也。」（這指社會中有等級尊卑，個人財富有多有少，不能一刀切，一拉平，需要適乎人情（欲），合乎禮義，即爲持情。夫然後能安撫大局，不致發生動亂與麻煩，即爲合危。理由很簡單：要看業績貢獻，與個人才幹與智勇。即《禮運篇》中所說：貨、力爲己，賢（崇重）勇知（智），以功爲己。）（用通俗的話說：個人發財致富可以，只要不違反「禮」。從政之人，即大官、小官的人，乃致國家元首，爵祿有等級可以，只要通過法律程序──古代語言，也就是合乎「禮」。）

孔子是思想家，他對禮的理解與看法，憑他豐富的想像力，推理的能力，他思想中，不可能有現代自然科學做基礎，但憑他的直觀與直覺，卻能夠有一個頗爲符合客觀世界的評估和掃瞄。雖然有神學和神秘的某些色彩，卻不是迷信。他說：「夫禮，必本於大一。」「夫禮必本於天。」我們看：宇宙這個大一，這個統一體，「分而爲天地，轉而爲陰陽，變而爲四時。」「天秉陽，垂日星。地秉陰，竅於山川，播五行於四時，（指金、木、水、火、土。這裡指各種生物）和（就是又對立又統一）而後月生也。是以三五而盈，三五而闕。（指月圓、月缺，各有十五天）五行之動，迭相竭也。（指花開花落等等）五行、四時、十二月，還相爲本也。（指新陳代謝）」可見宇宙的變化、發展、客觀上，都有一個規律性。這個規律性，孔子沒有明說，他心目中，即指的是「禮」。即天、地、日、月、星星相處的一個共同空間。就

社會這個大一，這個統一體來看：一分為二──有父子，有兄弟，有夫婦，有長幼，有君臣。他們之間，有一個共同相處的空間，這個共同相處的空間，就叫做「禮」。而禮的具體實踐，就是父慈，子孝，兄良，弟弟（悌），夫義，婦聽，長惠，幼順，君仁，臣忠。就人這個大一，這個統一體而言：人，生而有欲，人，生而有禮。禮產生於人與人相處，必然有一個共同相處的空間，這個共同相處的空間就叫做「禮」。人，生而必與其他的人相處，相處必然產生和必然需要一個共同的空間。所以孔子說：「夫禮必本于大一。」「禮必本於天。」禮是在大一中即在統一體中一對對矛盾客觀運作的規律性。除非宇宙沒有了，除非人類社會不存在了，除非每一個單個的人死了，這個一對對矛盾運動的過程，永遠不會停止或終結。這就是孔子樸素的辯證理論思維。自從孔子學說形成以來，古、今、中、外的學者專家，論述孔子思想，都沒有明白指出過這個奧秘。這是德國著名哲學家黑格爾提出辯證法，這一認識世界的工具以後所產生的一個新的成果，它是科學的論斷，不容忽視。

(5)基於孔子的辯證理論思維：針對「大道既隱，天下為家，各親其親，各子其子，貨、力為己，國家政權私有，大人世及以為禮，（即君位之嬗遞，實行父死子繼，無子，兄終弟及。）爭奪相殺，謀用是作，而兵（戰爭）由此而起，設想出一個『大道之行也，天下為公』的理想社會，在那裡沒有『國家』，只有管理機構，『選賢與能』的人去主宰其事。沒有家庭界限，人人講信修睦，不獨親其親，子其子，使老有所終，壯有所用，幼有所長，矜（鰥）、寡、孤、獨、廢、疾者，皆有所養。男有分（都有職分），女有歸（到了結婚年齡，都可嫁配）。貨，惡其棄于地也，不必藏于己，力，惡其不出于身也，不必為己。（即貨、

力歸公。）是故謀閉而不興，盜竊亂賊而不作，外戶不閉，是謂
大同。」這個大同社會，與馬列文獻中，「共產社會」有百慮而
一致，殊塗而同歸之處。但孔子作為理想而追求，作為思想教育，
而昭示天下，使人「有欲」到「無欲」，使「以禮治國」到「禮
無所用」。後者卻列為行動之步驟和綱領，認真加以執行。其結
果違反了「人，生而有欲。」的這個天性，人性。又由於不可能
實現「按需分配」這個最「仁」的目標，仍然產生經濟上貧富不
均平，政治上、社會地位上、意識上有等級差別，有上下貴賤之
分，「共產社會」仍然是一句空話。正如古人所言：猶之楚（南
方）而北行，馬雖疾而去愈遠。其結果是：有的已經破產而終，
有的即將、或終將破產而終結。

4.最後應鄭重指出：《禮記》一書，應以《禮運》為主體，
《大學》、《中庸》為兩翼。以禮治國、治人、治社會為中心。
《大學》之道，在明明德，在新民，在止於至善。這裡的「明德」，
就是指人，生而有禮的禮性。大學生應該使其明白瞭解，這個禮
性的緊迫性和重要性。將來服務於社會，更要使全體人民，每個
人作一個具有禮性的好百姓。並且做到「苟日新、日日新、又日
新」，達到最佳、最善的境界。究竟達到怎樣的最佳、最善的境
界呢？要達到人的禮性，能夠制止，人，弗學而能的「欲」，不
至產生危害他人，危害社會的程度為止，超過了，會挫傷人而求
生的積極性，就會挫傷，人而求改善生活的勃勃生機。使人感到
人生無樂趣，前途渺茫而失望。這樣使欲與禮趨向統一，統一就
是孔子所說的、《中庸》所闡述的「中庸之道」。孔子不禁吶喊
著：「中庸其至矣乎？民鮮能久矣！」「君子中庸，小人（一般
人）反中庸。君子之中庸也，君子而時中，小人之反中庸也，小
人而無忌憚也。」這就是《禮記》一書，應以《禮運》為主體，

《大學》與《中庸》爲左右兩翼。各司其事，各屬其能，爲完滿孔子辯證理論思維體係而湊全效，可不盡善盡美也夫?!

5.《禮運》篇是當年孔子仕魯，參預魯國臘月祭祀宗廟，作爲陪祭，當時孔子弟子言偃（子游）任魯武城宰（相當今之縣市長）亦在助祭之列。事畢，相與出游於觀（宮闕）之上。孔子連連喟然而嘆，蓋嘆魯也。蓋嘆魯已失去「以禮治國」這個大方針也。言偃在側，便問孔子何爲而嘆？因此引發出《禮運》這篇大議論。不難揣想：爲言偃現場紀錄，師徒二人，事後共同添修補綴，才有流傳至今的這篇偉大著述，是何等可貴啊！至於孔子前期從事教育工作，編寫作爲《禮記》的教材，仍應包括《冠義》、《昏（婚）義》、《鄉飲酒義》、《射義》、《燕義》、《聘義》等六篇章，這裡便不贅述了。

㈤《樂經》──《樂經》爲六經之一，孔子很懂音樂，又會各種樂器，而且能歌唱各色曲調，很受朝野歡迎，他雖貧且賤，卻擁有很多人士的欣賞和愛戴，得到很高的評價。他認爲「移風易俗，莫善于樂。」樂對群衆的影響力最大。可惜雅樂聲律，鏗鏘鼓舞之遺法，日久失傳。僅存有關樂的義理十一篇，總爲一篇，曰《樂記》編入《禮記》，太史公司馬遷著《史記》，全文轉載《史記·樂書》之中。《禮記》、《史記》對《樂記》都未列明細目。細目有樂本、樂論、樂施、樂言、樂禮、樂情、樂化、樂象、賓牟賈、師乙、魏文侯等十一篇。漢武帝時，河間獻王與諸生等，共采周官及諸子，言樂事者，得樂記廿四卷。漢成帝時，我國目錄學始祖劉向校書，得廿三篇。除上述十一篇外，計奏樂、樂器、樂作、意始、樂穆、說律、季札、樂道、樂義、昭本、招頌、竇公等十二篇。均遺佚。古籍散佚，實可痛惜。今錄其目錄，亦爲珍惜古代文化遺產之美意云耳。計《樂記》十一篇已併入《

禮記》一書之中，故稱《樂經》已失傳，六經便減爲五經。並與四書合倂，總稱《四書五經》。古代認爲「禮以道其志，樂以和其聲，政以一其行，刑以防其奸：禮、樂、刑、政，其極一也，所以同（統一）民心，而出治道也。」二千五百年以前，古代人能說出這樣截釘切鐵、至確至當的話來，眞不容易啊！中華文化有如此其燦爛瑰麗，令人感到無限興奮！無限自豪！

㈥《春秋》——《春秋》一書，是孔子編寫一部編年史，是孔子學說的歷史根源。順著魯國十二個國君的世次，記載魯國以及同時期的東周王室，春秋時期各諸侯國的歷史。計隱公（在位十一年）、桓公（十八年）、莊公（卅二年）、閔公（二年）、僖公（卅三年）、文公（十八年）、宣公（十八年）、成公（十八年）、襄公（卅一年）、昭公（卅二年）、定公（十五年）、哀公（廿七年）等十二個魯國國君共二五五年。孔子生於襄公廿二年，卒於哀公十六年。襄公在位卅一年，孔子已經十歲，經歷昭公卅二年，定公十五年，哀公十六年，共七十三年，即孔子七十三歲。《春秋》始於隱公元年，終於哀公十四年，即孔子去世前二年，共二四二年。史家稱《春秋》爲經，解釋經的叫傳。有《春秋左傳》爲與孔子同時代的魯國史官左丘明所作。《春秋公羊傳》爲戰國時期子夏弟子齊人公羊高所作。《春秋穀梁傳》爲戰國時期子夏弟子魯人穀梁赤所作。據太史公司馬遷《史記·十二諸侯年表》所稱：「孔子次《春秋》，約其辭文，去其煩重，七十子之徒口受其傳指，爲有所刺譏、褒諱、挹損之文辭不可以書見也，魯君子左丘明懼弟子人人異端，各安其意，失其眞，故因孔子史記（指《春秋》）具論其語，成《左氏春秋》。」又曰：「《春秋》之中，弑君三十六，亡國五十二，諸侯奔走不得保其社稷者，不可勝數。」「君不君，臣不臣，父不父，子不子，臣

弒君，子弒父，非一旦一夕之故也，其漸久矣。」「察其所以，皆失其本已。」（指失其仁義之道本耳，失其以禮這個根本。）一句話：說穿說透，人生而有「欲」，弗學而能。但人生而也有「禮」，無禮不能生存於社會，相處於家庭之中。然而「欲」勝於「禮」，造成「人患」，造成「爭奪相殺」。而國家政權中，尤其突出，以至禍害相尋，不可終日。

①現在請看上文《禮記·曲禮下》晉獻公世子申生自縊於新城廟中，孔子作《春秋》大書特書：（僖公）五年，春，晉侯殺其世子申生。這就是孔子作《春秋》，寓褒貶，微言大義。不言「自縊」，而言「殺」。左丘明《春秋左傳》寫道：初，晉獻公欲以驪姬爲夫人，卜之（占龜），不吉；筮之（占蓍），吉。公曰：「從筮。」卜人曰：「筮短龜長，不如從長。」弗聽，立之，生奚齊。其娣（指驪姬妹）生卓子。（按獻公好色，不好德人也。）及將立奚齊，既與中大夫成謀。（指與晉卿里克商量好，允守中立。）姬謂太子曰：「君（指獻公）夢齊姜（申生親母），必速祭之！」太子祭於曲沃。（即原晉之都城，擴增後，又叫新城。）歸胙於公（獻祭之酒肉）。公田，（打獵）姬寘（置）諸宮六日。（《史記》載爲二日）公至，毒而獻之（置毒於胙中）。公祭之地，（洒酒於地）地墳（凸起）；與犬，犬斃；與小臣，（指閹人之官）小臣亦斃。姬泣曰：「賊由太子！」（指置毒弒君）太子奔新城。公殺其傅杜原款。或謂太子：「子辭，（申辯）君必辯焉。」太子曰：「君非姬氏，居不安，食不飽。我辭，姬必有罪。君老矣，吾又（使其）不樂。」曰：「子其行乎？（逃走）」太子曰：「君實不察其罪。（指誣太子置毒事）被此名也以出，人誰納我？」十二月戊申，縊於新城。晉之祖先——唐叔虞，爲周武王之子，成王之弟。成王削桐葉爲珪，（大臣典禮及朝帝王

時用之玉板）戲封叔虞。史佚謂天子無戲言，遂封於唐地。其子
徙居晉水之傍，因改曰晉侯。據史籍所載：獻公爲世子時，娶賈
姬爲妃，久而無子。又娶犬戎主之姪女狐姬，生子曰重耳（即後
之晉文公，春秋五霸之一。）；娶小戎允姓之女，生子曰夷吾。
（即後之晉惠公）獻公父武公，晚年求妾於齊，齊桓公以宗女歸
之，是爲齊姜。時武公已老，不能御女，齊姜年少而美，獻公悅
而烝之，與生一子，私寄養於申氏，因名申生。獻公即位之年，
賈姬已薨，遂立齊姜爲夫人。時重耳已廿一歲，夷吾年亦長於申
生。因申生是夫子之子，論嫡庶，不論長幼，乃立申生爲世子。
以大夫杜原款爲太傅，大夫里克爲少傅，相與輔導世子。齊姜又
生一女，而自卒。獻公復納賈姬之娣賈君，亦無子。因以齊姜所
生之女，使賈君育之。（即申生之姊妹，後嫁於秦繆公爲夫人。）
獻公十五年，興兵伐驪戎。驪戎請和，納其二女於獻公，長曰驪
姬，次曰少姬。驪姬生得美貌非凡，智計千條，詭詐百出。在獻
公前，貢媚取憐。又常參與政事，十言九中。獻公寵愛無二，一
飲一食，必與之俱。踰年，驪姬生一子，名曰奚齊。又踰年，少
姬亦生一子，名曰卓子。獻公心惑驪姬，又喜其有子，便忘卻齊
姜之恩情，欲立驪姬爲夫人，立其子奚齊爲繼嗣。申生死，重耳、
夷吾俱奔逃國外。獻公後病，將死托孤於大臣荀息。荀息曾係獻
策假道於虞國而伐虢國滅之，還，襲滅虞，虜虞公及大夫井伯百
里奚者。獻公卒，里克殺奚齊於喪次。荀息立奚齊弟倬子（卓子）。
里克弒倬子於朝，並「鞭殺驪姬於市。」（《列女傳》），荀息
死之。後惠公夷吾得之，以重耳在外，畏里克爲變，賜里克死。

　　先是里克殺奚齊、倬子，曾遣使迎立重耳，重耳辭謝。迎立
夷吾，夷吾厚賂於秦，約以得入，以晉河西地與秦。並遺里克書：
「誠得立，請遂封子于汾陽之邑。」及立，使使謝秦曰：「始夷

吾以河西地許君，今幸得入立。大臣曰：地者，先君之地，君亡在外，何得擅許秦者？寡人爭之弗能得，故謝秦。」亦不與里克汾陽邑，而奪之權。此時賜死，謂曰：「微（無）里子，寡人不得立。雖然，子亦殺二君，一大夫，爲子君者，不亦難乎？」里克對曰：「不有所廢，君何以興？欲誅之，其無辭乎？乃言爲此！臣聞命矣。」遂伏劍而死。按惠君亦不仁、不義之人，後雖病死，其子懷公立，令國中諸從重耳亡者與期，期盡不到者，盡滅其家。懷公果行殺戮，秦繆公乃發兵送納重耳，使人爲內應，殺懷公，立重耳，是爲晉文公。

②現在再請看：孔子作《春秋》大書：（魯）桓公十八年春，會齊侯於濼。與夫人姜氏遂如齊。夏，四月丙子，公薨於齊。丁酉，公之喪至自齊。冬，十二月己丑，葬我君桓公。（魯）（莊公）二年：冬，十二月，夫人姜氏會齊侯於禚。四年：春，夫人姜氏享齊侯於祝丘。五年：夏，夫人姜氏如齊師。七年：春，夫人姜氏會齊侯於防。冬，夫人姜氏會齊侯於穀。八年：冬，十一月癸未，齊無知殺其君諸兒。九年：春，齊人殺無知。秋，七月丁酉，葬齊襄公。九月，齊人取子糾殺之。

《論語》子路曰：「桓公殺公子糾，召忽死之，管仲不死。」曰：「未仁乎？」子曰：「桓公九合諸侯，不以兵車，管仲之力也。如（乃）其仁！如其仁！」子貢曰：「管仲非仁者歟？桓公殺公子糾，不能死，又相之。」子曰：「管仲相桓公，霸諸侯，一匡天下，民到于今，受其賜。微（無）管仲，吾其被髮左衽矣。豈若匹夫匹婦之爲諒（小信）也，自經（自縊）于溝瀆而莫之知也。」

這是怎麼一回事呢？這是距今二六八八年以前，由於人，生而有欲，而欲勝於禮，勝於義，勝於仁，而產生的「人患」，而

產生的「爭奪相殺」。這正是孔子哲學思想，所賴以產生的歷史
根源。《尙書》亦是。《禮記・禮運》是產生的思想根源，但還
需要補充和說明。

　　早在二六二八年以前，春秋時期，齊襄公，爲太子時，叫諸
兒，天生美男子。父齊僖公，另生二女，皆絕色。長女嫁於衛，
叫衛宣姜。次女兼通詩書，叫文姜。諸兒長文姜二歲。雖爲兄妹，
各自一母。自小在宮中同行同坐，戲耍頑皮。及長，並肩攜手，
無所不至，只礙著左右宮人，末及同衾共枕罷了。後魯桓公求婚
於齊，僖公許之，文姜便得與桓公成婚。僖公卒，諸兒即位，是
爲襄公。襄公曾求婚於周，周王允之，使魯桓公主婚，以王姬下
嫁。魯侯欲親自至齊，面議其事。襄公想起妹子文姜，久不相會，
何不一同請來？遂遣使至魯，並迎文姜。魯夫人見齊使來迎，心
下亦想念其兄，欲借歸寧之名，與桓公同行。桓公溺愛其妻，不
敢不從。大夫申繻諫曰：「女子出嫁，父母若在，每歲一歸寧。
今夫人父母俱亡，無以妹寧兄之理。魯以秉禮爲國，豈可行此非
理之事？」桓公已允文姜，遂不從申繻之諫。夫婦同行，車至濼
水。齊襄公早已先在。懇懇相接，各敍寒溫。一同發駕，來到臨
淄。魯侯致周王之命，將婚事議定。齊侯十分感激，先設大享，
款待魯侯夫婦。然後迎文姜至於宮中，只說與舊日宮嬪相會。誰
知襄公預先造下密室，另治私宴，與文姜敍情。飮酒中間，四目
相視，你貪我愛，不顧天倫，遂成苟且之事。兩下迷戀不捨，遂
留宿宮中，日上三竿，尙相抱末起，撇卻魯桓公在外，冷冷清清。
魯侯心中疑慮，遣人至宮門細訪。回報齊侯未取正妃，止有偏宮
連氏。乃大夫連稱之之從妹，向來失寵，齊侯不與相處。姜夫人
自入齊宮，只是兄妹敍情，並無他宮嬪相聚。魯侯情知不做好事，
恨不得一步跨進齊宮，觀其動靜。恰好人報：「國母出宮來了。」

魯侯盛氣以待。便問姜氏：「夜來宮中共誰飲酒？」答曰：「同連妃。」又問：「幾時散席？」答曰：「久別話長，直到粉牆月上，可半夜矣。」又問：「你兄曾來陪飲否？」答曰：「我兄不曾來。」魯侯笑而問曰：「難道兄妹之情，不來相陪？」姜氏曰：「飲至中間，曾來相陪一杯，即時便去。」魯侯問：「你席散如何不出宮？」姜氏曰：「夜深不便。」魯侯又問：「你在何處安置？」姜氏曰：「君侯差矣！何必監問至此？宮中許多空房，豈少下榻之處？妾自在西宮過宿，即昔年守閨之所也。」魯侯曰：「你今日如何起得恁遲？」姜氏曰：「夜來飲酒勞倦，今早梳妝，不覺過時。」魯侯又問：「宿處誰人相伴？」姜氏曰：「宮娥耳。」魯侯又曰：「你兄在何處睡？」姜氏不覺面赤曰：「爲妹的怎管哥哥睡處？言之可笑！」魯侯曰：「只怕爲哥的，倒要管妹子睡處！」姜氏曰：「是何言也？」魯侯曰：「自古男女有別，你留宿宮中，兄妹同宿，寡人已盡知之，休得瞞隱？」姜氏口中雖是含糊抵賴，啼啼哭哭，心中卻也十分慚愧。魯桓公身在齊國，無可奈何，心雖然忿恨，卻不好發作出來。正是敢怒不敢言，即遣告辭齊侯，且待歸國，再作區處。卻說齊襄公自知做下不是，姜氏出宮之時，難以放心，便密遣心腹力士石之紛如跟隨，打聽魯侯夫婦相見有何話說？石之紛如回復：「魯侯與夫人角口，如此如此。」襄公大驚曰：「亦料久後必知，何其早也？」少頃，見魯使來辭，明知事洩之故。乃固請牛山一遊，便作餞行。使人連逼幾次。魯侯只得命駕出郊。文姜自留邸舍，悶悶不悅。

　　齊襄公一來捨不得文姜回去，二來懼魯侯懷恨成仇。一不做，二不休，吩咐公子彭生，待席散之後，送魯侯回邸，要在車中，結果魯侯性命。彭生有萬夫不當之勇，曾爲齊將，與魯作戰，中箭幾死。此時記起戰時一箭之恨，欣然領命。是日牛山大宴，盛

陳歌舞。襄公意倍殷勤。魯侯只低頭無話。襄公教諸大夫輪流把
盞，又教宮娥內侍，捧樽跪勸。魯侯心中憤鬱，也要借杯澆悶，
不覺酩酊大醉，別時不能成禮。襄公使公子彭生抱之上車。彭生
遂與魯侯同載。離國門約有二里，彭生見魯侯熟睡，挺臂以拉其
脅，彭生力大，其臂如鐵，魯侯被拉脅折，大叫一聲，血流滿車
而死。彭生謂衆人曰：「魯侯醉後中惡，速馳入城，報知主公。」
衆人雖覺蹊蹺，誰敢多言！齊襄公聞魯侯暴薨，佯啼假哭，即命
厚殮入棺，使人報魯迎喪。魯之從人回國，備言車中被弒之由，
大夫申繻曰：「國不可一日無君，且扶世子同，主張喪事，候喪
車到日，行即位禮。」公子慶父，乃桓公之庶長子，攘臂言曰：
「齊侯亂倫無禮，禍及君父，願假我戎車三百乘，伐齊聲罪！」
大夫申繻惑其言，私以問謀士施伯曰：「齊可伐否？」施伯曰：
「此曖昧之事，不可聞于鄰國。況魯弱齊強，伐，未可必勝，反
彰其醜，不如含忍，姑請究車中之故，使齊殺公子彭生，以解說
于列國，齊必聽從。」申繻告於慶父，遂使施伯草成國書，用大
夫出名，遣人如齊，致書迎喪。書中但言：「寡君奉天子之命，
來議大婚，今出而不入，道路紛紛，皆以車中之變爲言。無所歸
咎，恥辱播于諸侯，請以彭生正罪。」襄公覽畢，即遣人召彭生
入朝。彭生自謂有功，昂然而入。襄公當魯使之面，罵曰：「寡
人以魯侯過酒，命爾扶持上車。何不小心伏持，使其暴薨？爾罪
難辭！」喝令左右縛之，斬於市曹。彭生大呼曰：「淫其妹，而
殺其夫，皆出汝無道昏君所爲。今日又委罪于我！死而有知，必
爲妖孽，以取爾命！」襄公遽自掩耳，左右皆笑。一面遣人送魯
侯喪車回國，文姜仍留齊不歸。魯大夫申繻率世子同，迎柩至郊，
即於柩前行禮成喪，然後嗣位，是爲魯莊公。

　　文姜爲莊公生身之母，莊公便遣人迎接回魯。姜氏一者貪歡

戀愛，不捨齊侯，二者背理賊倫，羞回故里。行一步，懶一步。車至禚地，見行館整潔，嘆曰：「此地不魯不齊，正吾家也。」吩咐從人，回復魯侯：「未亡人性貪閑適，不樂回宮。要吾回歸，除非死後。」魯侯知其無顏歸國，乃爲築館於祝邱，迎姜氏居之。魯侯饋問，四時不絕。從此襄公僞以狩獵爲名，不時與姜氏聚於一處，或於禚，或於祝邱，或直至齊都，留宿宮中，晝夜淫樂，儼如夫婦。國人作《載驅》之詩，以刺譏文姜。又有《敝笱》之詩，以刺莊公。言敝壞之罟，不能制大魚，任其出入無禁。卻說襄公爲遏東南之路，使大夫連稱爲將軍，管至父爲副將，領兵戍守葵邱。二將臨行，請於襄公曰：「戍守勞苦，臣不敢辭，以何時爲滿？」時襄公方食瓜，乃曰：「今此瓜熟之時，明歲瓜再熟，當遣人代汝。」二將往葵邱駐紮，不覺一年光景。忽一日，戍卒進瓜嘗新，二將想起瓜熟之約：「此時正該交代，如何主公不遣人來？」特地差心腹往國中探信，聞齊侯在外與文姜歡樂，有一月不回。連稱大怒曰：「吾妹爲繼室，無道昏君，不顧倫理，在外日事淫媟，使吾等暴露邊鄙，吾必殺之！」謂管至父曰：「汝可助吾一臂。」管至父曰：「及瓜而代，主公親許，恐其忘之，不如請代，請而不許，軍心胥怒，乃可用也。」連稱曰：「善。」乃使人獻瓜於襄公，因求交代。襄公怒曰：「代出孤意，奈何請耶？再候一熟可也。」使人回報。連稱恨恨不已。謂管至父曰：「今欲行大事，計將安出？」至父曰：「凡舉事必有所奉，然後成。公孫無知，乃公子夷仲年之子，先公僖公以同母之故，寵愛仲年，並愛無知。從幼育養宮中，衣服禮數，與世子無別。自主公即位，因無知向在宮中，與主公角力，無知足勾主公仆地，主公不悅。一日，無知又與大夫雍廩爭道，主公怒其不遜，遂疎黜之，品秩裁減大半。無知銜恨于心久矣！每思作亂，恨無幫手。

我等不若密通無知，內應外合，事可必濟。」連稱曰：「當于何時？」管至父曰：「主上性善用兵，又好遊獵，如猛虎離穴，易爲制耳。但得預聞出外之期，方不失機會也。」連稱曰：「吾妹在宮中，失寵于主公，亦懷怨望。今囑無知陰與吾妹合計，伺主公之間隙，星夜相聞，可無誤事。」於是再選心腹，致書於公孫無知。書中言及君淫昏日甚，政令無常。蔡邱久戍，及瓜不代，三軍之士，憤憤思亂。如有間可圖，稱等願效犬馬，竭力擁戴。稱之從妹，在宮失寵銜怨，天助公孫以內應之資，機不可失！」公孫無知得書大喜，即復書允諾。無知陰使女侍，通信於連妃，且以連稱之書示之。並言若事成之日，當立爲夫人。

莊公八年冬，十一月，齊襄公知姑棼之野，有山名貝邱，禽獸所聚，可以遊獵，乃整頓車徒，往彼狩獵。連妃遣宮人送信於公孫無知。無知星夜傳信蔡邱，通知連管二將軍，約定十一月初旬，一齊舉事。連稱曰：「主上出獵，國中空虛，吾等率兵直入都門，擁立公孫如何？」管至父曰：「主上睦于鄰國，若乞師來討，何以禦之？不若伏兵于姑棼，先殺昏君，然後奉公孫即位，事可萬全也。」那時蔡邱戍卒，因久役於外，無不思家。連稱密傳號令，各備乾糧，往貝邱行事，軍士人人樂從，不在話下。

齊襄公於十一月朔日，駕車出遊，止帶力士石之紛如，及幸臣孟陽一班人，駕鷹牽狗，準備射獵，不用大臣相隨。先至姑棼。原建有離宮，遊玩竟日，歡飲至夜，遂留宿焉。次日起駕，往貝邱來。見一路樹木蒙茸，藤蘿翳鬱，襄公駐車高阜，傳令舉火燒林，然後合圍校射，縱放鷹犬。火烈風猛，狐兔之類，東奔西逸。傳說有大豕一隻，如牛無角，似虎無斑，從火中奔出，竟上高阜，蹲踞於車駕之前。時衆人俱往馳射，惟孟陽立於襄公之側，襄公顧孟陽曰：「汝爲我射此豕。」孟陽瞪目視之，大驚曰：「非豕

也，乃公子彭生也！」襄公大怒曰：「彭生何敢見我？」奪孟陽
之弓，親自射之，連發三矢不中。那大豕直立起來，雙拱前蹄，
效人行步，放聲而啼，哀慘難聞。嚇得襄公毛骨俱竦，從車中倒
撞下來，跌損左足，脫落了絲文屨一隻，被大豕銜之而去，忽然
不見。從人等扶襄公臥於車中，傳令罷獵，復回姑棼離宮住宿。
襄公自覺精神恍惚，心下煩躁。時軍中已打二更，襄公因左足疼
痛，展轉不寐。此時連稱、管至父引著眾軍士，殺入離宮。襄公
驚惶無措。事已急矣，孟陽願以身代，僞作主公，臥於床上，覆
以錦袍，使襄公潛伏戶後，幸而倉卒不辨，或可脫險。石之紛如
挺矛來鬥，被連稱一劍砍倒，遂入寢室，見團花帳中，臥著一人，
錦袍遮蓋。連稱手起劍落，頭離枕畔，舉火燭之，年少無鬚。連
稱曰：「此非君也。」使人遍搜房中，並無蹤影。連稱自引燭照
之，忽見戶檻之下，露出文絲屨一隻，知戶後藏躲有人，不是諸
兒是誰？打開戶後看時，那昏君因足疼痛，蹲做一堆，另一隻絲
文屨，仍在足上。連稱所見之屨，乃是先前大豕銜去的，不知怎
的落在檻下，想是冤魂報應，可不懼哉！連稱認得諸兒，似雞雛
一般，一把提出戶外，擲於地下。大罵：「無道昏君，汝連年用
兵，黷武殃民，是不仁也。背父之命，疏遠公孫，是不孝也。兄
妹宣淫，公行無忌，是無禮也。不念遠戍，瓜期不代，是無信也。
仁、孝、禮、信，四德皆失，何以爲人？吾今日爲魯桓公報仇！」
遂砍襄公爲數段，以床褥裹其尸，與孟陽同埋於戶下。計襄公在
位，只五年。當是惡貫已滿，假手二人耳。昔年彭生冤死，臨刑
大呼：「死爲妖孽，以取爾命！」冤冤相報，諒非偶然。

連稱、管至父於是重整軍容，長驅齊國。公孫無知預集私甲
（兵卒），一聞襄公凶信，引兵開門，接應二將入城。託言：「
曾受先君僖公遺命，奉公孫無知即位。立連妃爲夫人。連稱爲正

卿，號爲國舅。管至父爲亞卿。諸大夫雖勉強排班，心中卻是不
服。惟雍廩再三稽首，謝往日爭道之罪。極其卑順。無知赦之，
仍爲大夫。高、國兩大臣稱病不朝，無知亦不敢黜之。至父勸無
知懸榜招賢，以收人望。因荐其族子管夷吾（即管仲）之才，無
知使人召之。先是襄公諸兒即位，長子曰糾，魯女所生，次子小
白，（即後之齊桓公）（《史記》載爲兩次弟，《東》周爲兩公
子）爲莒女所生，雖皆庶出，俱已成立，欲爲立傅以輔導之。於
是管夷吾同召忽爲公子糾之傅，鮑叔牙爲公子小白之傅。叔牙謂
小白曰：「君以淫聞，爲國人笑，子必進諫。」小白果入諫襄公，
襄公怒，小白趨出。鮑叔曰：「吾當與子適他國，以俟後圖。」
小白問：「當適何國？」鮑叔曰：「大國喜怒不常，不如適莒，
莒小而近齊，小則不敢慢我，近則旦暮可歸。」乃奔莒國。及公
孫無知篡位，來召管夷吾。夷吾曰：「此輩兵（刀器）已在頸，
尙欲累人耶？」遂與召忽共計，以魯爲子糾之母家，乃奉糾奔魯。
魯莊公居之於生竇，月給廩餼。

　　莊公九年春月，齊公孫無知元年，百官賀旦，俱集朝房，見
連管二人公然壓班，人人皆有怨憤之意。雍廩知衆心不附，佯言
曰：「有客自魯來，傳言公子糾將以魯師伐齊。諸君聞之否？」
諸大夫皆曰：「不聞。」雍廩遂不復言。既退朝，諸大夫互相約
會，俱到雍廩家，叩問公子糾伐齊之信。雍廩曰：「諸君謂此事
如何？」東郭牙曰：「先君雖無道，其子何罪？吾等日望其來也。」
諸大夫有泣下者。雍廩曰：「廩之屈膝，寧無人心？正欲委曲以
圖事耳。諸君若能相助，共除弑逆之賊，復立先君子，豈非義舉？」
東郭牙問計，雍廩曰：「高敬仲（即高傒），國之世臣，素有才
望，爲人信服。連管二賊，得其片言獎借，重于千鈞，恨不能耳。
誠使敬仲置，以招二賊，必然欣然往赴，俟其相就，猝然刺之，

誰爲救者？然后舉火爲號，闔門而誅二賊，易如反掌。」東郭牙曰：「敬仲疾惡如仇，爲國自貶，當不斬也。吾料能必之。」遂以雍廩之謀，告於高傒。高傒許諾。即命東郭牙往連、管二家致意。俱如期而至。高傒執觶（酒杯）言曰：「先君行多失德，老夫日虞國之喪亡。今幸大夫援立新君，老夫亦獲守家廟，向因老病，不與朝班，今幸賤體稍康，特治一酌，以報私恩，兼以子孫爲託。」連稱與管至父謙讓不已。高傒命將重門緊閉：「今日飲酒，不盡歡不已。」預戒閽人：「勿通外信，直待城中舉火，方來傳報。」那邊雍廩匕首直叩宮門，見了無知，奏言：「公子糾率領魯兵，旦晚將至，幸早圖應敵之計。」無知問：「國舅何在」雍廩曰：「國舅與管大夫郊飲未回，百官俱集朝中，專候主公議事。」無知信之。方入朝堂，尚未坐定，諸大夫一擁而前，雍廩自後刺之，血流公座，登時氣絕。（按國家政權私有制，爭奪相殺，可悲也夫！）計無知爲君，才一月餘。連夫人聞變，亦自縊於宮中。當時雍廩教人於朝外，放起一股狼煙，煙透雲霄。高傒正欲款客，忽聞門外傳板，報說：「外廂舉火。」高傒即便起身，往內而走。連稱、管至父出其不意，即待要問其緣故。廡下預伏壯丁，突然殺出，將二人砍爲數段，雖有從人，身無寸鐵，一時畢命。雍廩與諸大夫，陸續俱到高府，公同商議：一面遣人於姑棼離宮，取出襄公之屍，重新殯殮，一面遣人於魯國，迎子糾爲君。魯莊公聞之，大喜，便欲爲公子糾起兵。施伯諫曰：「齊魯互爲強弱，齊之無君，魯之利也，請勿動，以觀其變。」莊公躊躇未決。時夫人文姜因襄公被弒，自祝邱歸於魯國，日夜勸其子興兵伐齊，討無知之罪，爲其兄報仇。及聞無知受戮，齊使來迎公子糾爲君，不勝之喜，主定納糾，催促莊公起程。莊公爲母所迫，遂不聽施伯之言，親率兵車三百乘，護送公子糾入齊。管夷

吾謂魯侯曰：「公子小白在莒，莒地比魯爲近，倘彼先入，主客
分矣。乞假臣良馬，先往邀之。」魯侯曰：「甲卒幾何？」夷吾
曰：「三十乘足矣。」

　　卻說公子小白聞國亂無君，與鮑叔牙計議，向莒君借得兵車
百乘，護送不齊。這裡管夷吾引兵晝夜奔馳，行至即墨，聞莒兵
已過，從後追之，正遇莒兵停車造飯。管夷吾見小白端坐車中，
上前鞠躬曰：「公子別來無恙，今將何往？」小白曰：「欲奔父
喪耳。」管夷吾曰：「糾居長，分應主喪，公子幸少留，無自勞
苦。」鮑叔牙曰：「仲且退，各爲其主，不必多言！」夷吾見莒
兵睜眉怒目，有爭鬥之色，誠恐衆寡不敵，乃佯諾而退。驀地彎
弓搭箭，覷定小白，颼的射來，小白大喊一聲，口吐鮮血，倒於
車上。鮑叔牙急忙來救，從人盡叫道：「不好了！」一齊啼哭起
來。管夷吾率領那三十乘，加鞭飛跑去了。夷吾在路嘆曰：「子
糾有福，合爲君也！」還報魯侯，酌酒與子糾稱慶。此時放心落
意，一路邑長，獻餼進饌，遂緩緩而行。誰知這一箭，只射中小
白的帶鉤。小白知夷吾妙手，恐他又射，一時急智，嚼破舌尖，
噴血詐倒，連鮑叔牙都瞞過了。鮑叔牙曰：「夷吾雖去，恐其又
來，此行不可遲也。」乃使小白變服，載以溫車，從小路疾馳。
將近臨淄，鮑叔牙單車先入城中，遍謁諸大夫，盛稱公子小白之
賢。諸大夫曰：「子糾將至，何以處之？」鮑叔牙曰：「齊連弒
二君，非賢者不能定亂。況迎子糾而小白先至，天也！魯君納糾，
其望不淺。吾國多難之餘，能堪魯之索求乎？」諸大夫曰：「然
則何以謝魯侯？」叔牙曰：「吾已有君，彼自退矣。」大夫隰朋、
東郭牙齊聲曰：「叔言是也。」於是迎小白入城即位，是爲桓公。
鮑叔牙曰：「魯兵未至，宜預止之。」乃遣使往迎魯莊公，告以
有君。莊公知小白未死，大怒曰：「立子以長，孺子安得爲君？

孤不能空以三軍退也。」齊桓公曰：「魯兵不退，奈何？」鮑叔牙曰：「以兵拒之。」遂與魯人戰於乾時，魯兵大敗而去。齊侯小白早朝，百官稱賀。鮑叔牙進曰：「子糾在魯，有管夷吾、召忽爲輔，魯又助之，心腹之疾尙在，未可賀也。」齊侯小白曰：「爲之奈何？」鮑叔牙曰：「乾時一戰，魯君膽寒矣！臣當統三軍之衆，壓魯境上，請討子糾，魯必懼而從也。」齊侯曰：「寡人請擧國以聽子。」鮑叔牙乃簡閱車馬，率領大軍，直至魯境。遣公孫隰朋，致書於魯侯曰：「家無二主，國無二君，寡君已奉宗廟，公子糾欲行爭奪，非不二之誼也。寡君以兄弟之親，不忍加戮，願假手於上國。（按此語最爲惡毒）管仲、召忽，寡君之仇，請受而戮于太廟。」隰朋臨時，鮑叔牙囑之曰：「管夷吾天下奇才，吾言于君，將召而用之，必令不死。」隰朋曰：「魯欲殺之，如何？」鮑叔牙曰：「但提起射鉤之事，魯必信矣。」隰朋唯唯而去。

　　魯莊公得書，即召施伯計議，曰：「向不聽子言，以致兵敗。今殺糾與存糾孰利？（按此問亦極爲惡毒）施伯曰：「小白初立，即能用人，致敗我兵于乾時，此非子糾之比也。況齊兵壓境，不如殺糾，與之講和。」時公子糾與管夷吾、召忽俱在生竇，魯莊公使公子偃將兵襲之，殺公子糾，執召忽、管仲至魯。（莊公果行殺戮，亦係不仁、不義之人也。）將納檻車，召忽仰天大慟曰：「爲子死孝，爲臣死忠，分也！忽將從子糾于地下，安能受桎梏之辱？」遂以頭觸殿柱而死。管夷吾曰：「自古人臣，有死臣，必有生臣，吾且入齊國，爲子糾白冤。」便束身入檻車之中。施伯私謂魯莊公曰：「臣觀管子之容，似有內援，必將不死。此人天下奇才，若不死，必大用于齊，必霸天下，魯自此奉奔走矣。君不如請于齊而生之。管子生，則必德我。德我而爲我用，齊不

足慮也。」莊公曰：「齊君之仇也，而我留之。雖殺糾，怒未解也。」施伯曰：「君以爲不可用，不如殺之，以其屍授齊。」莊公曰：「善。」公孫隰朋聞魯將殺管夷吾，疾趨魯廷，來見莊公，曰：「夷吾射寡君中鉤，寡君恨之切骨，欲親加刃，以快其志，若以屍還，猶不殺也。」莊公信其言，遂囚夷吾，並函封子糾、召忽之首，交付隰朋。隰朋稱謝而行。車馳馬奔，計一日得兩日之程，遂出魯境。夷吾仰天嘆曰：「吾今日乃更生也！」行至堂阜，鮑叔牙先在，見夷吾如獲至寶，迎之入館。「夷吾與召忽同事子糾，既不能奉以君位，又不能死於其難，臣節已污，況復反面而事仇人？召忽有知，將笑我于地下！」鮑叔牙曰：「成大事者，不恤小恥，立大功者，不拘小諒。（小信）子有治天下之才，未遇其時。主公志大識高，若得子爲輔，以經營齊國，霸業不足道也。功蓋天下，名顯諸侯，孰與守匹夫之節，行無益之事哉？」夷吾嘿然不語。鮑叔牙回臨淄見桓公，先弔後賀。桓公曰：「何弔也？」鮑叔牙曰：「子糾，君之兄也，君爲國滅親，（按國家政權私有制，對骨肉之親，猶如此其冷酷無情。欲勝於禮，勝於仁，爭奪相殺。可見孔子之哲學思想、民主政治之重要性，刻不容緩。）誠非得已，臣敢不弔？」桓公曰：「雖然，何以賀寡人？」鮑叔牙曰：「管夷吾天下奇才，非召忽比也，臣已生致之。君得一賢相，臣敢不賀？」桓公曰：「夷吾射寡人中鉤，其矢尚在。寡人每戚戚于心，得食其肉不厭，況可用乎？」鮑叔牙曰：「人臣者各爲其主。射鉤之時，知有糾，不知有君。君若用之，當爲君射天下，豈特一人之鉤哉？」桓公曰：「寡人姑聽之，赦勿誅。」鮑叔牙乃迎管夷吾入朝。桓公任以國政。後來九合諸侯，一匡天下，桓公以霸，皆管仲之謀也。今不惜篇幅，詳細插敍《春秋》歷史事實，正說明「欲」勝於禮，社會動亂極矣。孔子立人之道

曰仁與義，孔子以禮治國，豈是偶然哉!?

㈦孔子前後十三年，從事實際教育工作階段（卅五歲——四十七歲），除了以六種經書——《詩》、《書》、《易》、《禮》、《樂》、《春秋》，傳授三千弟子外，也傳教弟子以六種技藝——禮、樂、射、御、書、數。

1.禮——古代祭天地、祭宗廟、祭名山大川、對已故父母之喪禮、祭禮，都是有一套或一定的禮節儀式。用相禮，執禮用雅言（用普通話，不用方言），設一定禮容，穿一定衣著，與祭器、樂器、歌舞、歌唱相配合。需要一定的人數，經常參加練習，叫習禮。孔子很熟悉這一套儀式，受到民間和官方的重視和擁護，在社會上享有很高榮譽和地位。當然二千五百年以後的今天，這種禮節儀式，不言而喻，早已失傳了。現在民間仍舊流傳一種對已故父母的喪葬儀式，用相禮，配合民間鄉土音樂，設靈位，陳列花果祭品，佈置禮堂。降低悲痛氣氛，升高歡快情緒，啓發和加深人們的孝思，爲群衆普遍接受。這不能不說是孔教的流風餘韻，綿延至今。只要滅除披蔴帶孝、燒紙簍、靈屋、坐土塊等迷信活動，以及過度鋪張浪費，對《論語》所言：「愼終追遠，民德歸厚。」仍然有深遠的教育意義。

2.樂——孔子會各種樂器，會作樂曲，且能歌唱，很得弟子的愛戴和群衆的歡迎，並以此傳教弟子。當時還有《樂經》專書，可惜已經失傳。

3.射——平時射箭比賽，戰時臨陣射擊，民間已形成一種習武的風氣。《禮記》有《投壺》、《射義》兩專章。古者還以射，選諸侯、卿、大夫、士。孔子射於矍相之圃，觀者如堵牆。孔子「不射宿」（歸巢之鳥，不射）「射不主皮」（射比目力，不一定要射穿皮靶子）「君子無所爭，必也射乎？揖讓而升，下而飮。

其爭也君子。」

4.御——駕車子。古代行軍作戰、狩獵、遠行，都需駕車，因此「執御」也是一門技藝。平常需要預爲練習。《論語》孔子謂門弟子曰：「吾何執？（我學習何種技藝？）執御乎？執射乎？吾執御矣。」孔子《墮三都》（見後紋），公山不狃叛，孔子御定公，至季氏宮。執御亦爲孔子教學內容之一。

5.書——練字。雖是雕蟲小技，亦係讀書人日常習用，不可缺少之事。在過去中、小學，甚至高中，課餘都認眞練習大字，技藝高的，常受到鑒賞和稱贊。學校也列爲比賽項目之一。後世書、畫並論。書法藝術，評價很高。由於事微，孔子並無論述，但列爲課程，也是意料中事。

6.數——《禮記·王制》「八政：飮食、衣服、事爲、異別、度、量、數、制。（七教：父子、兄弟、夫婦、君臣、長幼、朋友、賓客。六禮：冠、昏、喪、祭、鄉、相見。）」其中「數」爲八政之一。孔子嘗爲季氏委吏（管理倉庫）。史稱「料量平」。孟子曰：「會計當而已矣。」可見國家收支、家庭出入、產品交換，無不需要計算數目，列爲教學亦屬必要，但不如六經學習那樣全力以赴耳。

七、孔子四十八歲——五十四歲。 前後七年實際從政情況

㈠任中都宰（相當今之縣市長）、司空（古代司空，掌邦土、居四民、時地利。做到無曠土、無游民，民咸安其居。）。

孔子在魯，並非貴族，並非不求仕，而是求任不得。他教育工作很出色，吸引朝野人士的注目，受到各方面人士的重視。遠方前來向他求學的人更是甚多。宮廷大宰對孔子弟子子貢說：「

夫子聖者歟？何其多能也。」防守在儀地的將軍請求孔子接見他。他見到了，出來對孔子學生說：「你們同學，不要憂愁沒有得到官職，天下無道也久矣，將以夫子爲木鐸（爲領導），來教育群衆，喚醒群衆！」孔子弟子三千，就是孔子學說三千人擁護者和宣傳者，在社會上，在群衆中，產生臣大影響，這是可想而知的。孔子四十二歲，魯昭公卒於乾侯，孔子四十八歲，魯定公已即位六年。當時公室衰微，季孫、孟孫、叔孫三家專國政，三家各增築一城，與曲阜都城一般。季孫曰費城，邑宰爲公山不狃。孟孫曰成城，邑宰爲公斂陽。叔孫曰郈城，邑宰爲公若藐。三處邑宰，各竊三大夫之權。公山不狃尤爲強橫。而季孫家臣陽虎，又叫陽貨，身長九尺餘，勇力過人，智謀百出，季氏初任爲心腹，使爲家宰，後漸專季氏家政，擅作威福，季氏反爲所制。因此季氏，內爲邑宰及家臣所挾制，外受齊國侵凌，束手無策。三家中孟孫爲孔子弟子，曾向孔子學禮。此時乃言於季孫曰：「欲定內外之變，非用吾師孔子不可。」季孫遂召見孔子。與語竟日，如在江海中，莫窺其際，乃大驚曰：「仲尼之學，果不可及！」遂用爲中都宰。孔子在中都一年，中都大治，四方皆遣人，觀其政教，以爲法則。定公知其賢，召任司空。

㈡定陽虎之亂。定公九年，孔子五十一歲。陽虎欲亂魯，而專其政。與公山不狃二人商議：欲以計，先殺季孫，然後並除孟孫，以不狃代季孫之位，己代孟孫，更立庶孽（非正妻所生，旁支），陽虎素所善者代叔孫。虎慕孔子之賢，欲招致門下，以爲己助，使人諷之來見，孔子不從，虎乃以蒸豚（蒸熟之小豬）饋之。孔子曰：「虎誘我往謝，而見我也。」令弟子伺虎出外，投刺（名姓片）於門而歸。孔子密言於孟孫曰：「虎必爲亂，亂必始于季氏，子預爲之備，乃可免也。」孟孫僞爲築宮室於南門之

外，聚材立柵，選牧圉之壯勇者三百人爲備，名曰興工，實以備亂。又語成城宰公歛陽，使繕甲待命，倘有報至，星夜前來赴援。是年（定公九年）秋八月，魯將行禘祭。虎以禘之明日，享季孫於蒲圃。孟孫聞之，曰：「虎享季孫，事可疑矣。」乃使人馳告公歛陽，約定日中率甲（兵），由東門至南門，一路觀變。至享期，陽虎親至季氏之門，請季孫登車，陽虎在前爲導，虎之從弟陽越在後，左右皆陽氏之黨。惟御者林楚，世爲季氏門下之客，季孫心疑有變，私語林楚曰：「汝能以吾車適孟氏乎？」林楚點頭會意。行至大衢，林楚遽輓轡南向，以鞭策，連擊其馬，馬怒而馳。陽越望見，大呼：「收轡！」林楚不應，復加鞭，馬行益急，陽越怒，彎弓射楚，不中，亦鞭其馬，心急鞭墜，越拾鞭，季氏之車已去遠矣。季孫出南門，逕入孟氏之室，閉其柵，號曰：「孟孫救我！」孟氏使三百壯士，挾弓矢，伏於柵門以待。須臾，陽越至，率其徒攻柵。三百人從柵內發矢，中者輒倒，陽越身中數箭而死。卻說陽虎行及東門，回顧不見季孫，乃轉轅復循舊路，至大衢，問路人曰：「見相國車否？」路人曰：「馬驚，已出南門矣。」語未畢，陽越之敗卒亦到，方知越已射死，季孫已避入孟氏新宮。虎大怒，驅其衆，急往公宮，劫定公以出朝。遇叔孫於途，並劫之。盡發公宮之甲，與叔孫家衆，共攻孟氏於南門。孟孫率三百人力拒之。陽虎命以火焚柵，季孫大懼。孟孫使人視日方中，曰：「成兵且至，不足慮也。」言未畢，只見東角上一員猛將，領兵呼哨而至。大呼：「公歛陽在此！」孟孫引壯士開柵殺出，季氏家臣苫越，亦帥甲而至，陽虎勢孤，倒戈入讙陽據之，三家合兵以攻關，虎力不支，放火焚萊門，魯師避火卻退。虎冒火而出，遂奔齊國。見景公，以所據讙陽之田獻之，欲借兵伐魯。齊大夫鮑國進曰：「魯方用孔某，不可敵也。不如執陽虎，

而歸其田，以媚孔某。」景公從之。乃囚虎於西鄙。虎以酒醉守
者，乘輀車逃奔宋國。宋使居於匡。陽虎虐用匡人，匡人欲殺之，
復奔晉國，仕於趙鞅爲臣，鞅使虎處於戚地。陽虎之亂遂平。

　　㈢夾谷盟會，孔子升任大司寇。（相當今之司法院長，或司
法部長。）

　　定公十年，孔子五十二歲。齊景公失了陽虎，又恐魯國怪其
納叛，乃使人致書魯定公，說明陽虎奔宋之故，就約魯侯於齊、
魯界上，夾谷山前，爲乘車之會，以通兩國之好，永息干戈。定
公得書，即召三家商議。孟孫曰：「齊人多詐，主公不可輕往。」
季孫曰：「齊屢次加兵于我，今欲修好，奈何拒之？」定公曰：
「寡人若去，何人保駕？」孟孫曰：「非臣師孔某不可。」定公
即召孔子，以相禮之事屬之。乘車已具，定公將行。孔子奏曰：
「臣聞有文事者，必有武備。文武之事，不可相離。古者諸侯出
疆，必具官以從。請具左右司馬，以防不虞。」定公從其言，乃
使大夫申句須爲右司馬，樂頎爲左司馬。各率兵車五百乘，遠遠
從行。又命大夫茲無還率兵車三百乘，離會所十里下寨。既至夾
谷，齊景公先在，設立壇位，爲土階三層。齊侯幕於壇之右，魯
侯幕於壇之左。孔子聞齊國兵衛甚盛，亦命申句須、樂頎，緊緊
相隨。時齊大夫黎彌，以善謀稱，是夜叩幕，請見景公，奏曰：
「齊、魯爲仇，非一日矣。止爲孔某賢聖，用事于魯，恐其他日
害齊，故爲今日之會耳。臣觀孔某爲人，知禮而無勇，不習戰伐
之事。明日會禮畢後，請奏四方之樂，以娛魯君，乃使萊夷三百
人，假做樂工，鼓噪而前，覷便拿住魯侯，並執孔某。臣約會車
乘，從壇下殺散魯衆，那時魯國君臣之命，懸于吾手，憑主公如
何處分，豈不勝于用兵侵伐耶？」景公曰：「此事可否？當與相
國謀之。」黎彌曰：「相國素與孔某有交，若通彼得知，其事必

不行矣。臣請獨任！」景公曰：「寡人聽卿，卿須仔細！」黎彌
自去暗約萊兵行事去了。次早，兩君集於壇下，揖讓而登。齊是
晏嬰爲相，魯是孔子爲相。兩相一揖之後，各從其主，登壇交拜，
敍太公、周公之好，交致玉帛酬獻之禮。既畢，景公曰：「寡人
有四方之樂，願與君共觀之。」遂傳令，先使萊人上前，奏其本
土之樂。於是壇下鼓聲大振，萊夷三百人，雜執旍旄、羽被、矛
戟、劍楯，蜂擁而至，口中呼嘯之聲，相和不絕。歷階之半，定
公色變。孔子全無懼意，趨立於景公之前，舉袂而言曰：「吾兩
君爲好會，本行中國之禮，安用夷狄之樂？請命有司去之。」晏
子不知黎彌之計，亦奏景公曰：「孔某所言，乃正禮也。」景公
大慚，急麾萊夷使退。黎彌伏於壇下，只等萊夷動手，一齊發作。
見齊侯打發下來，心中甚慍，乃召本國優人，吩咐：「筵席中間
召汝奏樂，要歌《敝笱》之詩，任情戲謔，若得魯君，或笑或怒，
我這裡有重賞。」原來那詩乃文姜淫亂故事，欲以羞辱魯國。黎
彌升階，奏於齊侯曰：「請奏宮中之樂，爲兩君壽。」景公曰：
「宮中之樂，非夷樂也，可速奏之。」黎彌傳齊侯之命，倡優侏
儒二十餘人，異服塗面，裝男扮女，分爲二隊，擁至魯侯面前，
跳的跳，舞的舞，口中齊歌的都是淫詞，且歌且笑。孔子按劍張
目，覷定景公奏曰：「匹夫戲諸侯者，罪當死！請齊司馬行法！」
景公不應。優人戲笑如故。孔子曰：「兩國既已通好，如兄弟然，
魯國之司馬，即齊國之司馬也。」乃舉袖向下麾之，大呼：「申
句須、樂頎何在？」二將飛馳上壇，於男女二隊中，各執領班一
人，當下斬首，餘人驚走不迭。景公心中駭然。魯定公隨即起身。
黎彌初意還想於壇下邀截魯侯，一來見孔子有此手段，二來見申、
樂英雄，三來打探得十里之外，即有魯軍屯紮，遂縮頸而退。會
散，景公歸幕，召黎彌責之曰：「孔某相其君，所行者皆是古人

之道，汝偏使寡人入夷狄之俗。寡人本欲修好，今反成仇矣。黎彌惶恐謝罪，不敢對一語。晏子進曰：「臣聞小人知其過，謝之以文（文過飾非），君子知其過，謝之以質。（質樸、誠實）今魯有汶陽之田三處：其一曰讙，乃陽虎所獻不義之物。其二曰鄆，乃昔年所取以寓魯昭公者。其三曰龜陰，乃先君頃公時，仗晉力索之于魯者。那三處皆魯故物，當先公桓公之日，曹沫登壇劫盟，單取此田，田不歸魯，魯志不甘，主公乘此機會，以三田謝過，魯君臣必喜，而齊魯之交固矣。」景公大悅，即遣晏子致三田於魯。這汶陽田，原是昔時魯僖公賜與季氏者，今日名雖歸魯，實歸季氏。以此季孫心感孔子，特築城於龜陰，名曰謝城，以旌孔子之功。言於定公，升孔子爲大司寇之職。季孫更訪人才於孔門，孔子荐仲由（子路），冉求可使從政。季氏俱用爲家宰。

　　㈣墮三都──定公十二年，孔子五十四歲。三都──指三家邑宰所據之都城。即公山不狃所據的費城。公斂陽所據之成城。公若藐所據的郈城。也是季孫、孟孫、叔孫三個家族的所在地。這裡要插敘的：孔子對政治的態度，是積極的，總想把他的政治理想與抱負施行出來。他曾經說過：「苟有用我者，期月（一年）而已，三年有成。」陽虎曾召孔子，能爲己助。孔子曰：「吾將仕矣。」晉大夫、中牟宰，爲反抗趙簡子（鞅）之進攻，使人召孔子，孔子欲往，子路阻諫。孔子曰：「不曰堅乎，磨而不磷（不薄），不曰白乎，涅（染黑）而不淄。（不黑）吾豈匏瓜也哉，焉能繫而不食？」（前兩句：指處亂世而不能污也。）此次公山不狃，欲據費城以叛。孔子言於季孫曰：「古者臣無藏甲，大夫無百雉之城，故邑宰無所憑，以爲亂，子何不墮其城，撤其武備？上下相安，可以永久。」季孫以爲然，轉告孟、叔二氏。孟孫曰：「苟利于家國，吾豈恤其私哉？」不狃素知孔子爲魯人所敬重，

亦思借助，乃厚致禮幣，遺以書曰：「魯自三桓擅政，君弱臣強，人心積憤。不狃雖爲季宰，實慕公義，願以費歸公（孔子），爲公（孔子）臣，輔公（孔子）以鋤強暴，俾魯復見周公之舊。夫子倘見許，願移駕過費，面決其事。不腆路犒，伏維不鄙。」孔子接書後，欲往。孔子曰：「夫召我者豈徒哉？如用我，其爲東周乎？」（即在東方的魯國，建立一個理想的東周。）最後請示定公曰：「不狃若叛，未免勞兵，臣願輕身一往，說其回心改過，何如？」定公曰：「國家多事，全賴夫子主持，豈可去寡人左右耶？」孔子遂欲還書幣。不狃見孔子不往，遂約會成宰公斂陽，郈宰公若藐，同時起兵，陽與藐俱不從。會郈邑馬正侯犯，使人刺藐殺之，自立爲郈宰，發郈衆登城拒命。孟孫、叔孫二家連兵往討，侯犯奔齊，魯兵入於郈城，遂墮城三尺。不狃初聞侯犯據郈城以叛，遂盡驅費衆，殺至曲阜。定公急召孔子問計。孔子曰：「公徒弱，不足用也。臣請御君，以往季氏。遂驅車至季氏之宮。宮內有高台，堅固可守，定公居之。少頃，司馬申句須、樂頎俱至。孔子命季孫盡出其家甲（兵卒），以授司馬，使伏於台之左右，而使公徒列於台前。不狃引兵來攻，與公徒戰，公徒皆散走。忽然左右大譟，申句須、樂頎二將，領著精兵殺至。孔子扶定公，立於台上，謂費人曰：「吾君在此，汝等豈不知順逆之理？速速解甲（放下兵器），既往不咎！」費人知孔子是聖人，誰敢不聽。俱捨兵器，拜伏台下。（按：從這裡可以看出，孔子在魯的威望很高，深得民心，非一般可比。）不狃勢窮，便投奔齊國去了。季孫便命墮了費城。孟孫亦欲墮成城。公斂陽以墮成，齊人必至於北門，不允墮之。定公圍城，不克，未墮。季孫嘉孔子定費之功，自知不及，請於定公，使孔子由大司寇攝行相事，每事諮謀而行。

㈤孔子攝行相事，誅少正卯。

時定公十二年，孔子五十四歲。《史記·孔子世家》「誅魯大夫，亂政者少正卯，與聞國政三月。」魯國大治，塗不拾遺，四方之客至如歸。原少正卯，巧辯能言，面是背非，實爲孔子所說的：「巧言令色鮮矣仁」一類人物。（巧言令色一語是孔子向《尚書·周命》中學來）初爲三家所倚重。見三家則稱頌其佐君匡國之功，見陽虎等又詭言強公室，抑私家之說。挑得上下如水火，而人皆悅其辨給，莫悟其奸。孔子使子路爲季氏宰，將墮三都。少正卯密告不犯。郈城、費城已墮，孟孫欲墮成城。少正卯告成宰公斂陽曰：「郈、費因叛而墮，若並墮成，何以別子於叛臣乎？汝但云：成乃魯國之北門，若墮成，齊師侵我北鄙，何以禦之？堅持其說，雖拒命，不爲叛也。」陽從其計，拒不墮成。孔子察知：凡有所陳說，少正卯輒變亂其詞，聽者多爲所惑，因密奏定公曰：「魯之不振，由於忠佞不分，刑賞不立。夫護嘉苗者，必去莠草。願君勿事姑息，請出太廟中斧鉞，陳於兩觀之下。」定公曰：「善。明日，使衆人參議：成城不墮利害，但聽裁決。」衆人或言當墮，或言不當墮。少正卯欲迎合孔子之意，獻墮成六便：⑴君無二尊。⑵歸重都城曲阜形勢。⑶抑私門。⑷使跋扈家臣，無所憑藉。⑸平三家之心。⑹使鄰國聞魯興革當理，知所敬重。孔子奏曰：「卯誤矣！成已陷孤立之勢，何能爲哉？況公斂陽忠於公室，豈跋扈之比？卯辯言亂政，離間君臣，按法當誅！」群臣中有曰：「卯言或不當，罪不及死。」孔子復奏曰：「卯言僞而辯，行僻而堅，徒有空言惑衆，不誅無以爲政。臣職在司寇，請正斧鉞之典。」乃命力士縛卯於兩觀之下，斬之。群臣莫不變色，三家亦俱凜然。故民不擾而事治，與聞國政三月，風俗大變。市中鬻羔豚者，不飾虛價。遇路有失物，恥非己有，無肯拾取者。

四方之客，一入魯境，皆有常供，不至缺乏，賓至如歸。魯國大治，國人稱頌不已。

八、孔子五十四歲──六十八歲。十四年去魯，流亡國外情況。

計定公十二年起去魯，經過定公繼續在世三年（定公十五年卒），至哀公十一年歸魯。共計孔子在外，周游十八個國家和地區，達十四年之久。

㈠孔子去魯原因及其經過。齊侯自夾谷盟會歸後，晏嬰病卒，景公哀泣數日。正憂朝中乏人，復聞孔子相魯，魯國大治。驚曰：「魯相孔子必霸，霸必爭地，齊爲近鄰，恐禍之先及，奈何？」大夫黎彌進曰：「君患孔子之用，何不沮之？」景公曰：「魯方任國政，豈吾所能沮乎？」黎彌曰：「臣聞治安之後，驕逸必生。請盛飾女樂，以遺魯君，魯君幸而受之，必然怠于政事，而疎孔子。孔子見疎，必棄魯而適他國，君可安枕而臥矣。」景公大悅。即命黎彌於女閭中，擇其貌美年廿以內者，共八十人，分爲十隊，各衣錦繡，教之歌舞。其舞曲名「康樂」，聲容皆出新製，備態極妍，前所未有。教習已成，又用良馬一二〇匹，金勒雕鞍，毛色各別，望之如錦，使人致獻魯侯。使者張設錦棚二處，於魯之高門之外。東棚安放馬群，西棚陳列女樂。先致書於定公。書曰：「魯賢侯殿下，孤向者獲罪夾谷，愧未忘心，幸賢侯鑒其謝過之誠，克終會好。日以國之多虞，聘問缺然。茲有歌婢十群，可以侑歡，良馬三十駟，可以服車，敬致左右，聊申悅慕，伏維存錄。」

此時魯相國季孫，安享太平，忘其所自，侈樂之志，已伏胸中。忽聞齊饋女樂，如此之盛，不勝艷慕。即時換了微服，與心腹數人，乘車潛出南門往看。那樂長方在演習，歌聲遏雲，舞態

生風，一進一退，光華奪目，如遊天上，如睹仙姬，非復人間思想所及。季孫看了多時，閱其容色之美，服飾之華，不覺手麻腳軟，目睜口呆，意亂神迷，魂消魄奪。魯公一日三宣，季孫貪看女樂，竟不赴召。至次日，方入宮來見定公。定公以國書示之。季孫奏曰：「此齊君美意，不可卻也。」定公亦有想慕之意，便問：「女樂何在？可試觀否？」季孫曰：「現列高門之外，車駕如往，臣當從行。但恐驚動百官，不如微服爲便。」於是君臣皆更去法服，各乘小車，馳出南門，竟到西棚之下。早有人傳出：「魯君易服前來觀樂了！」使者吩咐女子，用心獻技。那歌喉轉嬌，舞袖增艷。十隊女子，更番迭進，眞乃盈耳奪目，應接不暇，把魯國君臣二人，喜得手舞足蹈，不知所以。從人又誇東棚良馬。定公曰：「只此已是極觀，不必又問馬矣。」是夜，定公入宮，一夜不寐，耳中猶時聞樂聲，若美人之在枕畔也。恐群臣議論不一，次早獨宣季孫入宮，草就答書，備述盛謝之意，又將黃金百鎰，贈與齊使。將女樂收入宮中，以三十人賜季孫。其馬付圉人餵養。定公與季孫新得女樂，各自享用。日則歌舞，夜則枕席，一連三日，不去視朝聽政。

　　孔子聞知此事，淒然長歎。時弟子子路在側，進曰：「魯君怠于政事，夫子可行矣。」孔子曰：「郊祭已近，倘大禮不廢，國猶可爲也。」及祭之期，定公行禮方畢，即便回宮，仍不視朝。並胙肉亦無心分給。主胙者叩宮門請命，定公諉之季孫，季孫又諉之家臣。孔子從祭而歸，至晚，不見胙肉頒到，乃告子路曰：「吾道不行，命也夫！」乃援琴而歌曰：「彼婦之口，可以出走。彼婦之奶，可以死敗。（原爲彼婦之謁，若押韻，應爲奶。若用同音字，應爲舌。）優哉游哉，聊以卒歲！」歌畢，遂束裝去魯，子路、冉有（冉求）亦棄官，從孔子而行。自此魯國復衰。

㈡孔子去魯十四年，其行程如下：

去魯→衛→宋之匡邑→衛之蒲邑→衛→曹→宋→鄭→陳→蒲
→衛→晉（至河）→衛→陳→蔡→楚之葉邑→蔡→楚→衛→返魯。
歷十八站：五至衛。二至陳、蔡、蒲。一至匡、曹、宋、鄭、晉、
葉、楚。共十八個國家和地區。直接與諸侯國國君談話的：只有
衛、楚兩國。其餘都是中間站，未與任何國君接談。

㈢孔子五至衛。至衛固以魯、衛地近，孔子曰：「魯、衛之
政，兄弟也。」魯爲周武王弟、周公旦之封國。衛，先祖康叔爲
周武王之同母少弟，靈公爲其後裔，故兩國有兄弟之稱。由於國
家政權私有制，靈公卻是最爲昏聵無道的君主。《論語》子言衛
靈公之無道也，季康子（季孫的接班人）曰：「夫如是，奚而不
喪？（失位）」孔子曰：「仲叔圉治賓客（外交），祝鮀治宗廟
（內政），王孫賈治軍旅（軍事）。（指衛有三位有才幹的大夫）
夫如是，奚其喪？」子曰：「不有祝鮀之佞（口才好），與宋朝
之美（美男子），難乎免于今之世（而不受輕視）矣。」宋朝是
何等人物？原來靈公之夫人曰南子，宋女也，有美色而淫，在宋
時，先與公子朝相通，朝亦男子中絕色，兩美相愛，過於夫婦，
既歸靈公，生蒯聵，已長，立爲世子，而南子與宋朝，舊情不斷。
時又有美男子曰彌子瑕，素得靈公之寵愛，嘗食桃及半，以其餘，
推入靈公之口，靈公悅而啖之，誇於人曰：「子瑕愛寡人甚矣！
一桃味美，不忍自食，而分啖寡人。」群臣無不竊笑。子瑕恃寵
弄權，無所不至。靈公外嬖子瑕，而內懼南子，思以媚之，乃時
時召宋朝與夫人相會，醜聲遍傳，靈公不以爲恥。蒯聵深恨其事，
使家臣戲陽速，因朝見之際，刺殺南子，以滅其醜。南子覺之，
訴於靈公。靈公逐蒯聵，聵奔宋，轉又奔晉，晉大夫趙鞅納之於
戚地。（按：適與魯之叛臣陽虎，集於一處。）靈公立蒯聵之子

輒爲世子，後靈公卒，立輒爲君，是爲出公。蒯聵藉晉援，與陽
虎入戚地據之。是時，衛父子爭國，晉助蒯聵，齊助出公輒。出
公欲得孔子爲政，孔子惡衛逆理，遂去衛。孔子：君君、臣臣、
父父、子子的正名思想，此時與弟子子路問以爲政，奚以爲先談
話中，再次著重提出。按正名思想，亦即與孔子以禮治國、治人、
治社會的哲學思想是一致的。

　　㈣孔子在陳、蔡被圍困。使子貢赴楚求援。楚昭王興兵迎孔
子至楚，將以書社地七百里封孔子。這與齊景公欲以尼谿田封孔
子、衛靈公以孔子居魯相同之六萬粟奉孔子，皆因各所在國之大
夫嫉視、排擠和阻止，而告中止。同樣，孔子過宋，與弟子習禮
於大樹下，宋司馬桓魋，以男色得寵於宋景公，方貴幸用事，忌
孔子之來，遂使人伐其樹，欲求孔子而殺之；同樣，孔子在陳蔡，
陳蔡諸大夫恐楚用孔子，對其不利。發兵圍之於野，陷孔子師徒
絕糧三日，病莫能興。子路慍見曰：「君子亦有窮乎！」孔子曰：
「君子固窮，小人窮斯濫矣。」至楚，楚昭王欲以土地封孔子，
楚君臣談話情景：會尹子西曰：「王之使，使諸侯有如子貢者乎？」
曰：「無有。」「王之輔相有如顏回者乎？」曰：「無有。」「
王之官尹有如宰我者乎？」曰：「無有。」「且楚之祖，封于周，
號爲子男五十里。今孔丘述三皇、五帝之法，明周公、召公之業，
王若用之，則楚安得世世代代方數千里乎？夫文王在豐，武王在
鎬，百里之君，卒王天下。今孔丘得據土壤，賢弟子爲佐，其代
楚不難矣。故曰封孔子，非楚之福也。」昭王乃止。

　　㈤孔子當年流亡國外，各國形勢怎樣？孔子居陳三歲，吳伐
陳，取三邑而去。晉趙鞅伐行於朝歌。楚圍蔡，蔡遷於吳。吳敗
越王句踐於會稽。晉楚爭強，更伐陳，陳常被寇。過蒲，公叔氏
以蒲叛衛。至衛，晉趙鞅攻范、中行，伐中牟，佛肸叛。如晉，

至河，聞趙簡子（軮）殺賢大夫竇鳴犢、舜華，孔子謂子貢曰：「趙簡子未得志之時，須此兩人而後從政，及其已得志，而殺之。丘聞之也，刳胎殺夭，則麒麟不至郊，竭澤涸漁，則蛟龍不合陰陽，覆巢毀卵，則鳳凰不翔，何則？君子諱傷其類也。夫鳥獸之於不義也，尚知避之，而況乎丘哉！」乃返乎衛。

㈥哀公三年，孔子六十歲，去魯已六年。季孫病，輦而見魯城，喟然歎曰：「昔此國幾興矣，以吾獲罪于孔子，故不興也。」顧謂其嗣康子曰：「我即死，若（你）必相魯，相魯，必召仲尼。」數日後，季孫卒，康子代立。已葬，欲召孔子。公之魚曰：「昔吾先君用之不終，終爲諸侯笑。今又用之，不能終，是再爲諸侯笑。」康子曰：「則誰召而可？」曰：「必召冉求。」於是使使召冉求。冉求將行，孔子曰：「魯人召求，非小用之，將大用之也。」是日，孔子曰：「歸乎！歸乎！吾黨之小子狂簡，斐然成章，吾不知所以裁之。」子贛知孔子思歸，送冉求，因誡曰：「即用，以孔子爲招。」云。

㈦（下面段落，至關重要。說明國家政權私有制，爲害無窮。）孔子流亡國外，像野物一般，奔波於路途、山野之間，知弟子有慍心，自己也很有感慨，於是以同樣的言辭問子路、子貢和顏回。他說：「《詩》云：非（不是）兕（犀牛）匪（不是）虎，率（沿著）彼曠野，（沿著曠野奔跑）吾道非耶？吾何爲于此？」子路曰：「意者吾未仁耶？人之不我信也。意者吾未知（智）耶？人之不我行也。」孔子曰：「有是乎？由（子路名字），譬使仁者而必信，安有伯夷、叔齊？（按二君兄弟辭國，願爲君，後因反對周武王伐紂，寧餓死首陽山，不食周祿。世人稱頌，呼爲仁人。）使知者而必行，安有王子比干？（按紂王無道，比干寧死進諫。紂王剖其心而死。）子貢答語：「夫子之道至大也，故天

下莫能容。夫子蓋少貶焉？」孔子曰：「賜，（子貢名字）良農能稼（能搞好耕種）而不能爲穡（收割），良工能巧而不能順。（不能遷就和順從他人之指揮或操縱。）君子能修其道，綱而紀之，統而理之，而不能爲容（不能遷就）。今爾不修爾道，而求爲容，賜，而（你）志不遠矣？（離開正道不很遠了嗎？）」顏回的答語是：「夫子之道至大，故天下莫能容（不能容納）。雖然，夫子推而行之，不容何病？不容然後見君子！夫道之不修也，是吾醜也。夫道既已大修而不用，是有國者之醜。不容何病？不容然后見君子！」孔子欣然而笑曰：「有是哉，顏氏之子！使爾多財，吾爲爾宰。」（擴大意思說：假若你掌握了政權，我就做你的宰相好了。古稱：貴爲天子，富有天下。孔子「使爾多財」豈徒然哉。）（按孔子一生是一個歷史悲劇，原因在於國家政權私有制，使有才能、有學問、有崇高品德的人，不能大用於天下。可悲也夫！）

　　㈧孔子十四年流亡國外，卻也遇到很多麻煩：⑴孔子形狀類陽虎，陽虎嘗暴虐匡人，孔子過匡，以此匡人拘之甚急。子駱彈劍而歌，孔子和之。曲三終，匡人有知孔子是聖人，遂解圍而去。⑵孔子，聖人。人皆欲見，以爲榮。靈公夫人南子，欲見孔子。使人謂孔子曰：「四方之君子，不辱欲與寡君爲兄弟者，必見寡小君（指南子本人）。寡小君願見。」孔子辭謝不得，已而見之。夫人在絺帷中，孔子入門，北面稽首（彎身鞠躬）。夫人自帷中再拜，環珮玉聲璆然。孔子曰：「吾向爲弗見，現禮答焉。」子路不悅，孔子矢之（發誓）曰：「予所否者，天厭之！天厭之！」（我所不願做的事，或勉強去做的事，不但你子路不高興，就是天也厭惡麼？）國內大陸有的學者，出於「批孔」的動機，便詆言曰：「子見南子，子路不悅，孔子發誓說：我若有什麼野心的

話，天都不容！天都不容！」這只能是俗語所說的：以小人之心，度君子之腹。眞是滑稽可笑。按孔子本意：在爭取各方同情，反對孤立自己。流亡生活，處處需人幫助，這是很明顯的道理。(3)一日，靈公與南子同車而出，使孔子爲陪乘，招搖過市。市人歌曰：「同車者色耶？從車者德耶？」孔子歎曰：「已矣乎！吾未見好德如好色者也。」於是醜之，乃去衛過曹適宋。(4)孔子適鄭，與弟子相失，獨立郭東門。鄭人或謂子貢曰：「東門有人，其顙似堯，其項類皋陶，其肩類子產，然自腰以下，不及禹三寸，纍纍若喪家之狗。」子貢以實告孔子。孔子欣然笑曰：「形狀，末也，而謂似喪家之狗，然哉！然哉！（按流亡生活，飄泊沮喪，可想而知。要皆國家政權私有制所產生的種種不良後果耳。）(5)孔子過蒲，公叔氏以蒲叛衛，止孔子。弟子有公良孺者，以私車五乘，從孔子。其爲人賢良，有勇力。謂曰：「吾昔從夫子遇難于匡，今又遇難於此，命也已。吾與夫子再罹難，寧鬥而死。」鬥甚疾，蒲人懼，謂孔子曰：「苟勿適衛，吾出子。」與之盟，出孔子東門。孔子遂適衛。子貢曰：「盟可耶？」孔子曰：「要（要挾）盟也，神不聽。」孟子曰：「大人者，不失其赤子之心者也。」「大人者，言不必信，行不必果，惟義所在。」其孔子之謂歟？（按孔子的社會地位已經很高，特別受到三千弟子的衷心擁護。）(6)孔子去葉，返蔡。長沮、桀溺耦而耕，孔子以爲隱者。使子路問津焉。（渡口）桀溺曰：「悠悠者，天下皆是也，而誰以易之？且與其從避人之士，豈若從避世之士哉！」（言逃避人，不若逃避世。）耰而不輟。子路以告孔子。孔子憮然曰：「鳥獸不可與同群。天下有道，丘不與易也（易——改造社會。按孔子之意：我們是處於社會中的人，不能與鳥獸同群，隱居於山林之中。天下有道，就不需改易社會，而正是天下無道，所以

需改易社會。）

　　㈨孔子是在怎樣的情況下，返回魯國的？

　　1.孔子最懷念的是他的弟子們。哀公三年，孔子六十歲。冉求被召回魯國去了。哀公六年，孔子六十三歲。孔子自楚返乎衛。哀公七年，孔子六十四歲。子貢已回魯去了。吳敗齊師於艾陵，至繒，召魯哀公而徵百牢。季康子使子貢往。子貢以《周禮》：上公九牢，侯七牢，子男五牢，今吳徵百牢，于周禮不合。乃止。子路、子羔（高柴）已仕于衛。有若、宓子賤已仕于魯。原與孔子一同在一起的弟子們，都紛紛離開身邊了。

　　2.哀公十一年，孔子六十八歲。冉求爲季氏將帥，與齊戰於郎，克之。季康子曰：「子之于軍旅，學之乎？性之乎？」冉求曰：「學之于孔子。」季康子曰：「孔子何如人哉？」對曰：「用之有名（以大名位用之），播之百姓，質諸鬼神而無憾。求之至于此道，雖累千社（封千社之地），夫子不利也。」（不在乎）康子曰：「我欲召之，可乎？」對曰：「欲召之，則勿以小人固之，則可矣。」（勿以一般人看待才可以）康子遂以禮幣迎孔子歸魯。

九、孔子六十八歲──七十三歲。六年。
　　回魯後情況及孔子去世經過

　　㈠答哀公及季康子問政。然魯終不能用孔子，孔子亦不求仕。哀公問政，子曰：「爲政在人，人存政舉，人亡政息。」曰：「政在選臣。」季康子問政，子曰：「政者，正也，子帥以正，孰敢不正？」曰：「舉直錯諸枉，則枉者直。」（指舉用正直的人，廢置邪枉之人。）季康子患盜，孔子曰：「苟子之不欲，雖賞之不竊。」康子又問：「如殺無道，以就有道，何如？」孔子對曰：

「子爲政，焉用殺？子欲善，而民善矣。君子之德風，小人之德草，草上之風，必偃。」然魯終不能用孔子，孔子亦不求仕。

　　㈡孔子繼續從事教育工作。⑴定教育章程：有教無類。⑵立四教：文、行、忠、信。⑶絕四：毋意（不任意）、毋必（不主觀）、毋固（不固執）、毋我。（述而不作）⑷定大學教案：立三綱領：在明明德，在新民，在止於至善。八條目：格物、致知、誠意、正心、修身、齊家、治國、平天下。自天子以至於庶人，壹是皆以修身爲本。⑸規定教學方法（著重啓發教育）：不憤不啓。（憤——自己發憤，動腦筋思考。啓——教育）不悱不發。（不悱——自己閉口不開，不主動說話。發——啓發、教育）舉一隅不以三隅反，則弗復。（知其一角，應知其三角。否則，不重複教育）

　　㈢孔子最後審定《六經》。已見前述，不再贅。

　　㈣端木（姓）賜，字子貢。言語科，利口辭辯。齊田常欲專齊政，憚高、國、鮑、晏四大家族爲難，欲移其兵以伐魯，以抬高和加強他在齊國之勢力與身望。孔子聞之，謂門弟子曰：「夫魯，墳墓所處，父母之國，國危如此，二三子何爲莫出？」子路請出，孔子止之。子張、子石（公孫龍）請行，孔子弗許。子貢請行，孔子許之。遂行，至齊，說田常曰：「君之伐魯過矣。夫魯，難伐之國。其城薄以卑，其池狹以泄，其君愚而不仁，大臣僞而無用，其士民又惡甲兵之事，此不可與戰，君不如伐吳。夫吳，城高以厚，池廣以深，甲堅以新，重器精兵盡在其中，又使明太守守之，此易伐也。」田常忿然作色曰：「子之所難，人之所易，子之所易，人之所難，而以教常，何也？」子貢曰：「臣聞之，憂在內者攻強，憂在外者攻弱。今君憂在內，大臣有所不聽者，今君伐魯以廣齊：戰勝主驕，破敵臣尊，而君之功不與焉，

則交日疏于主。是君（田常），上驕主心，下恣群臣，求以成大事，難矣。夫上驕則肆，臣驕則爭，是君（田常），上與主有隙，下與大臣交爭，如此，則君（田常）立于齊，危矣。故曰不如伐吳。伐吳不勝，民人外死，大臣內空，是君（田常），上無強臣之敵，下無民人之禍，孤主，制齊者，唯君也。（使主孤立）」田常曰：「善，雖然，吾兵已加魯矣，去而之吳，大臣疑我，奈何？」子貢曰：「君按兵無伐，臣請往使吳王，令之救魯伐齊，君因以兵迎之。」田常許諾，使子貢南見吳王。說曰：「王者不絕世，（絕滅他國之世代）霸者無強敵，千鈞之重，加銖兩而移。今以萬乘之齊，而併千乘之魯，與吳爭強，竊為王危之。夫救魯，顯名也，伐齊大利也，誅暴齊以服強晉，利莫大焉。名存亡魯，實困強齊，智者不疑也。」吳王曰：「善，雖然，吾嘗與越戰，棲之會稽。越王苦身養士，有報我心。子待我伐越而聽子。」子貢曰：「越之勁不過魯，吳之強不過齊，王置齊而伐越，則齊已平魯矣。且王方以存亡繼絕為名（存亡國，繼絕世），夫伐小越而畏強齊，非勇也。夫勇者不避難，智者不失時，王者不絕世，以立其義。今存越示諸侯以仁，救魯伐齊，威加晉國，諸侯必相率而朝吳，霸業成矣。且王必惡越，臣請東見越王，令出兵以從，此實空越，名從諸侯以伐也。（指越隨從吳以伐齊）」吳王大悅，乃使子貢之越。越王除道郊迎，身御（駕車）至舍而問曰：「此蠻夷之國，大夫何以辱而臨之？」子貢曰：「今者吾說吳王以救魯伐齊，其志欲之，而畏越。曰：『待我伐越乃可。』如此，破越必矣。且夫無報人之志而令人疑之，拙也；有報人之志，使人知之，殆也；事未發而先聞，危也。三者舉事之大患。」句踐頓首再拜曰：「孤嘗不料力，乃與吳戰，困于會稽，痛入骨髓，日夜焦唇乾舌，徒欲與吳王接踵而死，孤之願也。」遂問子貢，子

貢曰：「吳王為人猛暴，群臣不堪，國家敝以數戰，士卒弗忍，百姓怨上，大宰嚭用事，順君之過，以安其私，是殘國之治也。今王誠發士卒佐之，以驕其志，重寶以悅其心，卑辭以尊其禮，其伐齊必也。彼戰不勝，王之福矣。戰勝，必以兵臨晉，臣請北見晉君，令共攻之，弱吳必矣。其銳盡于齊，重甲困于晉，而王制其敝，此必滅吳。」越王大悅，許之。送子貢金百鎰，劍一，良矛二。子貢不受，遂行。報吳王曰：「臣敬以大王之言告越王，越王大恐，曰：『孤不幸，少失先人，內不自量，抵罪于吳，軍敗身辱，棲于會稽，國為虛莽，賴大王之賜，使得奉俎豆，而修祭祀，死不敢忘，何謀之敢慮！』」後五日，越使大夫文種頓首言于吳王曰：「東海役臣，孤句踐使者——種，敢修下吏問于左右。今竊聞大王將興大義，誅強救弱，困暴齊而撫周室（指魯為周公旦封地），請悉起境內士卒三千人，孤請自披堅執銳，以先受矢石。因越賤臣種，奉先人藏器，甲廿領，鈇屈盧之矛，步光之劍，以賀軍吏。」吳王大悅，以告子貢曰：「越王欲身從寡人伐齊，可乎？」子貢：「不可，夫空人之國，悉人之眾，又從其君，不義。君受其幣，許其師，而辭其君。」吳王許諾，乃謝越王。於是吳王發九郡兵伐齊。子貢因去，之晉，謂晉君曰：「臣聞之，慮不先定，不可以應猝，兵不先辨，不可以勝敵。今夫吳與齊將戰，彼戰而不勝，越亂之必矣。與齊戰而勝，必以其兵臨晉。」晉君大恐，曰：「為之奈何？」子貢曰：「修兵休卒以待之。」（兵器）晉君許諾。子貢去而之魯。吳王果與齊人戰於艾陵，大破齊師，獲七將軍之兵而不歸，果以兵臨晉，與晉人相遇黃池之上。吳、晉爭強，晉人擊之，大敗吳師。越王聞之，涉江襲吳，去城七里而軍。吳王聞之，去晉而歸，與越戰於五湖，三戰不勝，城門不守，越遂圍王宮，殺夫差而戮其相。破吳三年，

東向而霸。故子貢一出，存魯，亂齊，破吳，強晉而霸越。子貢好貯貨，買賤賣貴，待價出售，而獲高利，家累千金。《論語・先進》：子曰：「回也，其庶乎，屢空。賜不受命，而貨殖焉，臆則屢中。」（顏回，學問道德差不多了，可是經常貧困。子貢不安於命，去做生意，猜行情，卻常常猜中。）子貢姓端木，名賜。衛人，少孔子三十一歲。曾相魯、衛，卒於齊。善辭辯，不愧爲孔子高徒。

(五)孔子弟子子路之死。

仲由——姓仲，名由，字子路，又叫季路。有時稱仲子路。卞人，少孔子九歲。好勇力，性伉直。冠雄雞，佩豭豚。（頭戴晾乾的雄雞，身披全副公豬皮。）因孔子門人，請爲弟子。曾爲季氏宰，衛之蒲邑大夫，後爲衛出公輒（即蒯聵的兒子）時，當權的大夫孔悝的家臣。孔悝即孔文子（孔圉）的兒子。子曰：「自吾得由，惡言不聞于耳。」因爲子路爲孔子侍衛，故人不敢惡言侮慢孔子。先是晉趙簡子（鞅），欲蒯聵入衛爲君，乃令陽虎詐稱衛十餘人，披麻帶孝自戚地迎歸。出公輒發兵擊之，大夫高柴（子羔，孔子弟子）諫之，不聽。蒯聵不得入，造成父子爭國流血慘事。蒯聵之姊，嫁與大夫孔圉（即孔文子），生孔悝。孔圉死，嗣爲大夫，事出公，執衛政。孔氏童僕曰渾良夫，身長而貌美，孔圉卒，良夫通於孔姬。孔姬使渾良夫往戚，問候其弟蒯聵。蒯聵握其手言曰：「子能使我入國爲君，使子服冕乘軒，三死無與。」（三次死罪，可得赦免。）渾良夫歸，言於孔姬。孔姬使良夫以婦人之服，往迎蒯聵。昏夜，良夫與蒯聵同爲婦裝，勇士石乞、孟黶爲御（駕車），乘溫車，詭稱婢妾，溷入城中，匿於孔姬之室。孔姬曰：「國家之事，皆在吾兒掌握，今飲于宮，俟其歸，當以威劫之，事乃有濟。」使石乞、孟黶、渾良夫皆披

甲懷劍以俟，伏蒯聵於台上。須臾，孔悝自朝帶醉而歸，孔姬召而問曰：「父母之族，孰爲至親？」悝曰：「父則伯叔，母則舅氏而已。」孔姬曰：「汝旣知舅氏爲母至親，何不納吾弟？」孔悝曰：「廢子立孫，此先君遺命（指衞靈公，見前文），悝不敢違也。」遂起身如廁。孔姬使石乞、孟黶候於廁外，俟悝出廁，左右幫定。曰：「太子相召。」不由分說，擁之上台，來見蒯聵。孔姬已先在側，喝曰：「太子在此，孔悝如何不拜！」悝只得下拜。孔姬曰：「汝今日肯從舅氏否？」悝曰：「惟命。」孔姬乃殺猳（公豬），使蒯聵與悝歃血定盟。孔姬留石乞、孟黶守悝於台上，而以悝命，召聚家甲，使渾良夫帥之襲公宮。出公輒醉而欲寢，聞亂，使左右往召孔悝。左右曰：「爲亂者，正孔悝也！」輒大驚，即時取寶器，駕輕車，出奔魯國。群臣不願附蒯聵者，皆四散逃竄。仲子路爲孔悝家臣，時在城外，聞孔悝被劫，將入城來救。遇大夫高柴自城中出，曰：「門已閉矣，政不在子，不必與其難也。」子路曰：「由，已食孔氏之祿，敢坐視乎？」遂疾趨及城門，門果閉矣。守門者公孫敢謂子路曰：「君（指出公）已出奔，子何入爲？」子路曰：「吾惡乎食人之祿，而避其難者，是以來也。」適有人自內而出，子路乘門開，遂入城，逕至台下。大呼曰：「仲由在此，孔大夫可下台矣！」孔悝不敢應。子路欲取火焚台。蒯聵懼，使石乞、孟黶二人持戈下台，來敵子路。子路伏劍來迎。怎奈乞、黶雙戟並舉，攢刺子路，又砍斷其冠纓，（帽帶）子路身負重傷，將死。曰：「禮，君子死不免冠。」乃整結其冠纓而死。孔悝奉蒯聵即位，是爲莊公，立次子疾爲太子，以渾良夫爲卿。

　　㈥孔子去世經過。

　　孔子聞蒯聵之亂，謂衆弟子曰：「柴也其歸乎！由也其死乎！」

弟子問其故，孔子曰：「高柴知大義，必能自全，由好勇輕生，昧于取裁，其死必矣。」說猶未了，高柴果然奔歸，師弟相見，且悲且喜。衛之使者接踵而至。見孔曰：「寡君新立，敬慕夫子，敢獻奇味。」孔子再拜而受，啓視則肉醢。（古代酷刑：把人殺死，剁成肉醬。）孔子遽命覆之。謂使者曰：「得非吾弟子仲由之肉乎？」使者驚曰：「然也。夫子何以知之？」孔子曰：「非也，衛君必不以見頒也。」遂命弟子埋其醢，痛哭曰：「某嘗恐由不得其死，今果然矣！」使者辭去，未幾，孔子遂病。子貢請見。孔子方負杖，逍遙於門，曰：「賜，汝來何其晚也。」因歎而歌曰：「太山壞乎！梁柱摧乎！哲人萎乎！」因以涕下。謂子貢曰：「天下無道久矣，莫能宗予。夏人殯于東階，周人于西階，殷人兩柱間。昨暮予夢坐奠兩柱之間。予始殷人也。」後七日卒。年七十三歲，魯哀公十六年四月十一日己丑卒。哀公誄之曰：「旻天不弔，不憖遺一老，俾屛余一人以在位，煢煢余在疚。嗚呼哀哉！尼父，毋自律！」孔子葬魯城北泗上，去城一里，冢塋占地百畝。塚塋中樹以百數，皆異種。相傳孔子弟子皆諸侯國人，各持其方之樹種之。塋中不生荊棘及刺人草。孔子死，弟子皆服喪三年。三年心喪畢，相訣而去，則哭，各盡其哀。或復留。唯子贛盧於塚上凡六年，然後去。弟子及魯人往從塚而家者，百有餘室，因命曰孔里。魯世世相傳：以歲時奉祀孔子塚，而諸儒亦講禮，鄉飲，大射於孔子塚。故所居堂內，後世因廟，藏孔子衣冠琴車書，至於漢二百餘年不絕。高皇帝（劉邦）過魯，以太牢祀焉。諸侯卿相至，常先謁然後從政。

　　孔子生鯉，字伯魚。伯魚五十，先孔子死。伯魚生伋，字子思，年六十二，作《中庸》。後裔孔子愼嘗爲魏相。其子孔鮒，曾爲陳王涉（陳勝）博士。後裔孔安國，爲西漢武帝博士，臨淮

太守。或謂《尙書序》爲孔安國所作。兩漢封孔子裔孫爲襃成侯。
魏封爲崇聖侯。晉封爲奉聖亭侯。北朝魏孝文帝亦封爲崇聖侯。
北齊封爲恭聖侯。北周武帝及隋文帝封爲鄒國公。煬帝封爲紹聖
侯。唐封爲襃聖侯。唐以後，直至民國，對孔子後裔均有禮遇和
頒贈。

叁、孟子的真實生平及其言論

一、孟子的身世及其言論集《孟子七篇》

㈠孟子的家庭出身和時代對他的影響，
　　以及自身的艱苦努力情況。

　　孟子，名軻。公元前三七二年生——公元前二八九年卒，八十三歲。生於戰國末期，今山東鄒縣，當時叫鄒國。戰國時期：公元前四七六年——公元前二二一年，共二五五年。關於孟子的家庭出身，史籍很少記載。據國內大陸學者指稱：孟子是魯季孫、孟孫、叔孫三家中的孟孫氏後裔。即使如此，孟子自己也說過：「君子之澤，五世而斬。」貴族後裔並沒有給他帶來任何政治資本。西漢韓嬰《韓詩外傳》載：孟母斷織。劉向《列女傳》載：孟母三遷。南宋王應麟《三字經》敍到：「昔孟母，擇鄰處。子不學，斷機杼。」《論語》子曰：里仁爲美，（以仁者爲鄰是美事。）擇不處仁，焉得知（智）？」可見孔子卒後一百多年的戰國時期，孔子的言論和學說，已經達到家喻戶曉的程度。當時孔子弟子曾參在魯授徒講學，秦將吳起就是他的學生。孔子孫子——子思也在魯講學，孟子就是受業於子思的門人。子夏（卜商）在西河（山西靠近龍門的地方）講學，吳起、李克、魏文侯都是他的學生。孔子整理和刪修的《六藝》（六種經書）在各諸侯國廣泛傳授。當時言論自由，諸子百家學說爭鳴，讀書的風氣很濃厚。孔子所謂：「學也，祿在其中。」子夏所說的：「仕而優則

學，學而優則仕。」孟子之所以成爲思想家、政治家、教育家，得力於母教、師教，當年社會風氣的薰陶，以及與他自身的智慧和艱苦努力是分不開的。他從學習中得出的認識和結論是：「舜發于畎畝之中，傅說舉之版築之間，膠鬲舉于魚鹽之中，管夷吾舉于士，（獄官）孫叔敖舉于海，百里奚舉于市。（舜耕于歷山，堯帝舉荐爲接班人（舜帝）。殷帝武丁夜夢得聖人名說，使人求之于野，得傅說于版築之間，古人築牆，用兩版相夾，實土其中，以杵築之。武丁與語，果聖人，舉以爲相，殷國大治。膠鬲是商紂之臣，遭亂，鬻販魚鹽，文王舉用之。管仲（夷吾）由魯囚送齊國受死，鮑叔牙脫之獄官之手，荐爲齊相，桓公以霸。孫叔敖隱居海邊，楚莊王舉用爲令尹（宰相）。百里奚由秦穆公以五張羊皮向楚國贖回，任爲上卿，舉以國政。）故天將降大任于是人也，必先苦其心志，勞其筋骨，餓其體膚，空乏其身，行，拂亂其所爲，所以動心（震撼其心思）忍性（堅忍其性情），增其所不能。人恆過，然後能改；困于心，衡于慮，（橫塞其思慮）而後作（奮發圖強）；徵于色，發于聲，而後喻。（受挫折後，呈現出面色，發出呼聲）（然後才有所省悟）入則無法家拂士（國內無懂法制的大臣和能作輔弼的智囊），出則無敵國外患者，國恆亡。（國外無敵國，無外患者，國恆衰敗、死亡。）然後知生于憂患，而死于安樂。」由此可見，孟子是通過自身努力學習和艱苦鍛鍊才成爲大學問家，大文學家，才能寫出上述這樣有根有據，有聲有色的好文章出來；不是親身感受，怎能得出這樣有價值的結論來。

㈡孟子學成，亦聚徒講學

弟子中有萬章、公孫丑、公明高、樂正子（克）、公都子、屋廬子、徐子（辟）、陳子（代）、孟仲子、咸邱蒙、浩生不害、

陳臻、充虞、彭更、桃丘應等。其中萬章、公孫丑與孟子對話最多，萬章且參加過《孟子七篇》的編輯工作。孟子講學在社會上產生很大的影響，引起各諸侯國國君的注意和重視。他游說齊、宋、滕、魏（梁）、魯等國，「後車數十乘，從者數百人，以傳食于諸侯。」（《孟子·滕文公下》）從行的人，可想而知，都是孟子弟子，各國國君迎爲上賓，聽取其議論，並饋贈禮幣，供給膳食。齊宣公任孟子爲客卿。後欲授孟子室（一棟房子）養弟子以萬鍾（俸祿），使諸大夫、國人，皆有所矜式。這是孟子爲民制產——五畝之宅，樹之以桑，百畝之田，勿奪其時；省刑罰，薄稅斂；民貴君輕的仁政思想和學說，震盪人心，深得群衆和社會廣泛的擁護，加上他學問淵博，擅長雄辯，辭鋒犀利，取譬通俗，令人折服。

　　㈢**孟子是孔子學說的繼承者，是儒家道統的奠基人**

　　1.他說：「乃所願，則學孔子。」他引述孔子弟子宰我、子貢、有若的話說：「自生民以來，未有盛于孔子也。」「孔子之謂集大成，金聲而玉振。」「由孔子而來，至于今，百有餘歲，去聖人之世若此其未遠也，近聖人之居，若此其甚也，然而無有乎爾，則亦無有乎爾！」（沒有別的繼承人吧，應當沒有別的繼承人了！）

　　2.在《孟子七篇》的最後篇章中，孟子已提出堯、舜、禹、湯、文王、孔子，這一道統的說法。把武王、周公及孟子他自己包括進去，應當是：堯、舜、禹、湯、文、武、周公、孔子、孟子。道統的內涵就是仁。引伸來說就是仁與禮。禮之實爲義，義之本爲仁。（孔子《禮運篇》）所以仁與禮，說成仁與義亦可。說成一個仁字，更爲明白易懂。（見本文後面詳述）孟子這一道統的說法，爲後來唐朝文學家韓愈系統地總結出儒家道統，奠定

了基礎。韓愈在他《原道》一文中說：「博愛之謂仁，行而宜之
之謂義，由是而之焉之謂道，足乎己無待于外之謂德。」「仁與
義爲定名，道與德爲虛位。」「凡吾所謂道德云者，合仁與義言
之也，天下之公言也。」「夫所謂先王之教者，何也？博愛之謂
仁，行而宜之之謂義，由是而之焉之謂道，足乎己無待于外之謂
德。其文《詩》、《書》、《易》、《春秋》，（韓愈沒有把《
禮》寫進去，這是有原因的：一是《禮記》所編進去的篇章很複
雜，有的不是孔子弟子和孔子之孫子思等編輯的，而是漢朝帝王
適合他的觀點和需要而編入若干篇章，或某些文字。二是《禮記》
的主編人是曾子，而曾子個人觀點側重盡孝道、側重禮節儀式，
並不能代表孔子的中心思想。三是《禮記》的菁華在《禮運》。
《禮運》的菁華在《小康》（即小安）和《大順》段落。不是在
《大同》。《大同》是抽象思維，如佛教之「西天」，基督教的
「天堂」，馬列文獻中的「共產社會」。是一種宗教信仰，崇高
的道德理想，可以作爲道德教育，規範和約束人的私欲所產生的
各種壞的觀念和壞的行爲。馬列文獻中所謂「興無滅資」，所謂
「鬥私批修」。佛教之禁慾主義，苦修行。基督教之富人進天堂
如駱駝穿針，右手給人施捨（錢財），左手都不知道，無私奉獻，
提倡博愛。孔子的《小康》社會與《大順》社會，是立足於現實
社會，談改造社會。以仁、以禮、以義制約人的私欲。承認私欲
是人性，是弗學而能。承認仁、禮、義也是人性，而是人的第二
人性。二者又對立，又統一，是一個矛盾長期運動的過程。可惜
的是古今中外，讀懂了《禮運》中的《小康》（即小安）和《大
順》段落的人，除了孔子本人和孔子弟子子游外，卻沒有發現另
有人在。因爲這些段落是孔子與子游（即言偃）兩人對談中的談
話記錄。是經過孔子審定的。基於這些原因，韓愈沒有把《禮》

寫入文內。筆者運用現代德國著名哲學家黑格爾的對立統一辯證法則，而發現上述這個奧秘的，以后本文末了篇章，將對此更加詳細論述。）（下面接續韓愈的《原道》一文中的有關文字）「其法禮、樂、刑、政，其民士、農、工、賈，其位君臣（民主政治或政黨政治：國家元首和人民）、父子、師友、賓主、昆弟、夫婦，其服麻絲，其居宮室，其食粟、米、果、蔬、魚、肉。其爲道易明，而其爲教易行也。是故以之爲己，則順而祥，以之爲人，則愛而公，以之爲心，則和而平，以之爲天下國家，無所處而不當。是故生則得其情，死則盡其常，郊焉而天神假（郊祭祭天，天神感動。），廟焉而人鬼饗。」（廟祭祭祖先，祖先獲得享受。）曰：「斯道也，何道也？」曰：「斯吾所謂道也，非向所謂老與佛之道也。」「堯以是傳之舜，舜以是傳之禹，禹以是傳之湯，湯以是傳之文、武、周公，文、武、周公傳之孔子，孔子傳之孟軻，軻之死，不得其傳焉。荀與揚也，擇焉而不精，語焉而不詳。由周公而上，上而爲君，故其事行；（按韓愈先生也是大學問家，他已經瞭解到國家政權私有制之利弊：國家政權掌握在行仁道的君子手裡，要行仁治，或行禮治，則事行。否則則行不通也。）由周公而下，下而爲臣。（指孔子、孟子，也包括韓愈他自己。）故其說長。」（在君主專政情況，他只好說：「故其說長。」否則他有冒死的危險。）他任刑部侍郎，因諫唐憲宗迎佛骨表，幾乎處死刑，後貶爲潮州刺史（現在的廣東省），穆宗立，召爲國子祭酒、京兆尹、兵部、吏部侍郎。諡稱韓文公。是司馬遷以後，文學史上傑出的散文家之一。他的詩也很著名。他與孔子、孟子同一命運：「下而爲臣。」一生道路坎坷，令人景仰，令人悲傷。

　　㈣《孟子七篇》篇目，附《論語》廿篇篇目

　　兩書的篇目，都是以文章的頭兩個或三個字做篇目的名稱，沒有特殊意義。

　　1.《孟子》包括梁惠王上下、公孫丑上下、滕文公上下、離婁上下、萬章上下、告子上下、盡心上下，共七篇，實分為十四篇。是孟子在世與弟子萬章共同編輯。

　　2.《論語》包括學而、為政、八佾、里仁、公冶長、雍也、述而、泰伯、子罕、鄉黨、先進、顏淵、子路、憲問、衛靈公、季氏、陽貨、微子、子張、堯曰等共廿篇。是孔子卒後，孔子門人所編輯。

二、國家政權、人性、知識來源、語言、文學價值等問題上，孔孟的正確觀點和驚人的成就。

　　㈠國家政權問題，孔孟觀點是民本基礎上的賢人政治。

　　國家政權有三類：民主國家、政黨黨魁專政國家、君主專政國家。民主國家一經產生，影響到世界各國，大體上都產生了政黨政治。這個政黨政治，以武力取得政權，根據政黨活動的沿革，產生黨魁專政國家。這與古代用武力產生的君主國家，其本質是一致的。孟子說：「繼世以有天下。（按世代傳遞天位：父死子繼，無子，兄終弟及。）天之所廢，必若桀紂者也。故益、伊尹、周公不有天下！」「匹夫而有天下者，德必若舜、禹，而又有天子荐之者，故仲尼不有天下。」（因為他沒有一個天子讓賢舉荐。）孟子又引述孔子的話說：「孔子曰，唐虞（堯舜）禪，夏后，殷、周（夏、商、周）繼，其義一也。」（《孟子·萬章上》）都是按世代傳位。即天下為家，國家政權私有制，也就是國家政權家有制。或叫家天下。黨魁專政國家，即國家政權私有制，也就是國家政權黨有制，或叫黨天下。孔子早已看出國家政權私有制，

爲害無窮。見上述《春秋》所載：父子爭國，兄弟爭國，淫亂腐
敗，貪污賄賂，比比皆是。國家社會亂盪不安，爭奪相殺，幾無
休止。孔子運用他辯證理論思維的天才想像力，在國家政權私有
制的對立面，設想出一個天下爲公、無國家、無家庭、貨力公有
的「大同」社會。在這個社會裡，「選賢與能」，絕除「繼世以
有天下」的弊害。已經觸及到和突出「選賢」的重要性。但是否
民選？還是別的任何選舉方式？孔子沒有明說。這正是他的隱衷、
煩惱、苦悶、長太息因以涕下之所在：「太山壞乎！梁柱摧乎！
哲人萎乎！天下無道者久矣，莫能宗予。」孔子是聖之時者，既
然公有制的大同社會，不能實現，就事論事，就私有制現實社會
而言，應該建立一個「小康（即小安）」社會和「大順」社會。
在這個社會裡，「大人世及以爲禮」（天子、諸侯按世代傳位），
但必需有禹、湯、文、武、成王、周公這樣的人選。因此孔孟產
生賢人政治的思想。民本思想的產生又是怎樣呢？孟子引述《尚
書·周書·泰誓中篇》「天視自我民視，天聽自我民聽。」又說：
「民爲貴，社稷次之，君爲輕。」孔子《論語·堯曰》「所重：
民、食、喪、祭。」《論語·顏淵》「子貢問政。子曰：足食，
足兵，民信之矣。子貢曰：必不得已而去，于斯三者何先？曰去
兵。子貢曰：必不得已而去，于斯二者何先？曰：去食。自古皆
有死，民無信不立。」就是說：執政者去食，沒有糧食吃，餓死
都可以，但不能使人民不相信執政者，人民不相信執政者，政權
就不能存在。（按孔子這些言論，它的含義是何等深刻啊！）現
代民主國家，人民不相信總統或首相，總統和首相就要下台。而
君主國家或黨魁專政國家卻恰恰相反，不是政變和用暴力手段，
不能實現國家政權的和平交替。在「繼世以有天下」的情況下，
孔孟的賢人政治，民本思想，爲政愛人（孔子），爲政以德（孔

子），惟仁者宜在高位（孟子），省刑罰，薄稅斂（孟子），樂
民之樂，憂民之憂（孟子），這是正確的觀點和正確的理論。其
中根本障礙就在於賢人難得其人選。賢人難得其人選，其根本障
礙就在於國家政權私有制，「繼世以有天下」。孔孟一生的悲慘
遭遇也就在於此。中國歷史上下五千年，除堯、舜、禹、湯、文、
武、周公（攝政七年）以及西漢文帝、北周武帝、元朝仁宗、清
朝康熙外，沒有一個好皇帝。五千年，好皇帝只有十一個，未免
太少了啊！

　　㈡人性問題上，孔孟的觀點和論述是完全正確的。而且不是
「完全正確」一語的贊賞和肯定可以盡其意。而是在它的不變的、
永恆的科學性，它是放之四海皆準，貫穿古今而認同。「飲食、
男女，人之大欲存焉。」是人「弗學而能。」（孔子）。「食、
色，性也。」（孟子）。這是人的第一人性。「性相近也（孔子）」，
這是人的第二人性。「習相遠也（孔子）」，這是人的第一人性。
仁、義、禮、智、信（按：應加一「信」的屬性），是人的第二
人性（孟子）。「人之有是四端也（仁、義、禮、智），猶其有
四體也。有四端而自謂不能者，自賊者也。」（孟子）。第一人
性，是弗學而能，（孔子、孟子）。第二人性，孟子說：「凡有
四端（仁、義、禮、智）于我者，知皆擴而充之矣，若火始然（
燃），泉之始達，苟能充之，足以保四海，苟不充之，不足以事
父母。」第二人性需要自知擴而充之。否則，社會得不到安定團
結，就連奉養自己的父母，也都會辦不到了。第二人性是指人之
處世，人之相處於家庭，人之立足於社會，所必然產生的五種可
貴的德行——仁、義、禮、智、信，又世稱所謂「五常」。三綱
——君爲臣綱，父爲子綱，夫爲妻綱，世俗連稱「三綱五常」。
三綱是後儒所泡製的，把君權絕對化，是帶反動性，絕對非孔孟

的本意。孔孟深知而且深惡那些昏君、庸君、暴君，何取法之有？
它的惡劣後果是：君要臣死，不得不死，父要子亡，不得不亡。
歷史上君主操「賜死」之特權，不知害死了多少忠臣，良臣，和
孝子。上文晉獻公殺世子申生，就是一個顯例。所謂「五常──
仁、義、禮、智、信」正是近代學者陳立夫先生從天道中，所歸
納的、所取法的公、誠、仁、中、行五個字。其中公、誠、仁三
個字都與「五常」相通，不過字異，而義卻相通。其中行、中二
字，行則是「擴而充之。」「求則得之，舍則失之。」之意。（
孟子）孔子：「力行近乎仁。」「苟志于仁矣，無惡矣。」「仁，
遠乎哉？我欲仁，斯仁至矣。」孟子：「仁、義、禮、智、（信），
非由外鑠我也，我固有之也，弗思耳矣。」「行」是運動的意思，
五常得以實現，是一個行動的過程，運動的過程，決不可把它看
成是靜態。而是要作爲動態，經常使之處於行動之中。這也正符
合孔子的辯證理論思維的哲理。「中」是中庸之道，無過與不及。
這是第二人性對第一人性，又對立、又統一的，必需做到孔子「
中庸之道」的恰到好處。取消和抹殺第一人性是辦不到。任其所
爲，致令其危害社會，危害他人也絕對不行。必需以五常制約、
規範第一人性，毋使其害人，害社會，甚至「爭奪相殺」，造成
人患。（孔子）所以陳立夫先生所列出的公、誠、仁、中、行五
個字，是完全與孔孟之道相通、相吻合的。陳立夫先生提出「以
中華文化救世界」的口號，也是完全正確而當之無愧。「重人兼
重德」（陳立夫先生語）是第一人性和第二人性又對立、又統一，
運動過程中所獲得果實和結晶。「人道法天道」（陳立夫先生語）
是人的第二人性向天道（公、誠、仁、中、行）所得到的啓發教
育，所得到的鼓舞作用，決不是天道產生人道（仁、義、禮、智、
信）。人道是來源於、產生於人的第二人性（仁、義、禮、智、

信）。陳先生說：「人道（仁、義、禮、智、信）爲做人做事的
基礎。傳承數千年，成爲文化道統，是人類共生、共存、共進化
的原理。國族之強盛、世界之和平、人類之幸福，均將以其得獲
力行、實踐而受賜！」這段話是萬古不刊之論。與陳先生的社會
發展「唯生論」，稱得上是近代社會科學史上的兩大發明。「唯
生論」來源於孫中山先生的「民生史觀」。孟子說：「仁、義、
禮、智、（信），非由外鑠我也，我固有之也。」在當時已引起
爭論和懷疑，國內大陸馬列學者逕扣上「主觀唯心論」的大帽子。
其實，要解開這個疑團和摘掉這頂帽子很容易。人，既是自然人，
又是社會人。自然人必然產生人的第一人性。（孟子：食、色性
也。孔子：飲食、男女，人之大欲存焉。）社會人必然產生人的
第二人性。（仁、義、禮、智、信）。前者爲人的生存需要，爲
人的生命和人體生理的需要，必然產生人的第一人性。後者爲人
相處於家庭，立足於社會，爲人共生、共存、共進化的需要，必
然產生第二人性。二者都是客觀見之於主觀的精神產物，或叫意
識形態。這種意識形態度一經產生，便發揮主觀能動性。孟子對
第二人性（仁、義、禮、智、信）所謂「非由外鑠我也，我固有
之也。」正是指這種主觀能動性。

　　㈢關於「人的知識從哪裡來的？」孔孟都有正確的見解。

　　孔子的名言是：「致知在格物。物格而后知至。」（《大學》
格物──指即物而窮究其理。）他的見解：一是多聞，多藝（多
習技藝），不恥下問（多問）。對有疑問的、不確切、不穩定的
東西，便擱置下來。用他自己的話說：「多聞闕疑，多見闕殆。」
「吾不試（未參加政府工作），故多藝。二是向古書、古籍、古
代文史資料學習。如多學《六經》──《詩》、《書》、《易》、
《禮》、《樂》、《春秋》。用他的話說，「不學《詩》，無以

言，不學《禮》，無以立。多識蟲魚草木之名。」「我非生而知之者，好古（古籍），敏以求之者也。」學習態度是：「知之爲知之，不知爲不知，是知也。」學習方法是：「學而時習之，不亦悅乎！」學而思，思而學。（學而不思則罔，思而不學則殆。）孟子的見解是：「天下之言性也，（天下研究萬事萬物的性質）則故而已矣（求其所以然之原故而已）。故者以利爲本。（朱熹注：利猶順也。求其所以然之原故，以順其自然之理，爲根本所在。）所惡（憎惡）於智者，爲其鑿也。〔（如與孟子前後同時期的騶衍，「其語閎大不經。」當時之人稱其曰：「談天衍。」（《史記·孟子荀卿列傳》）鑿——穿鑿附會。〕如智者若禹之行水也（如大禹順水之自然運行那樣來治水），則無惡於智矣。禹之行水也，行其所無事也。（即順其自然之理，因勢利導）如智者亦行其所無事，則智亦大矣。天之高也，星辰之遠也，苟求其故（求其所以然之原故），千歲之日至，可坐而致之也。（以後一千年的多至，都可以坐著而推算出來。）（見《孟子·離婁下》）孟子所謂：「萬物皆備于我矣，反身而誠，樂莫大焉。」指的是天下萬事萬物，我認識了它的客觀規律性，我就能掌握它、主宰它、利用它。這樣做了，反躬自問，是誠實可靠，那心中喜悅，就不言而喻了。這樣看來，大陸有些馬列學者，指稱孔孟是主觀唯心論者，那就很不公道了。（語見《孟子·盡心上》）

　　四孔孟言論集，在語言、文學方面的價值。

　　《論語》及部分《易》、《禮》中，表現出的特點是語言簡潔，而含義深遠，垂範後世，已經成爲格言。如歲寒然後知松柏之後凋。天行健，君子以自強不息。積善之家必有餘慶，積不善之家，必有餘殃。二人同心，其利斷金。同心之言，其臭如蘭。仁者見仁，智者見智。虎視耽耽。密雲不雨。突如其來。多聞闕

疑。有教無類。臨財毋苟得，臨難毋苟免。殺身成仁。見義勇爲。
節以制度，不傷財，不害民。君子成人之美，不成人之惡。過則
勿憚改。既往不咎。人無遠慮，必有近憂。小不忍則亂大謀。凡
事豫則立，不豫則廢。當仁不讓。禮尚往來。己所不欲，勿施于
人。三人行必有我師，擇其善者而從之，其不善者而改之。溫故
而知新。其身正，不令而行，其身不正，雖令不從。志不可滿，
樂不可極。慢藏誨盜，冶容誨淫。學而時習之，不亦悅乎！有朋
自遠方來，不亦樂乎！知之爲知之，不知爲不知，是知也。玉不
琢，不成器。人不學，不知道（仁義之道）。欲速則不達。學而
不思則罔，思而不學則殆。天無私覆，地無私載，日月無私照，
此之謂三無私。《孟子七篇》中也有許多格言和成語。如緣木求
魚。杯水車薪。事半功倍。通功易事。與民同樂。仁者無敵。仁
則榮。捨生取義。人有所不爲，然后有所爲。自暴自棄。出類拔
萃。爲叢驅雀。爲淵驅魚。人必自侮，然后人侮之。國必自伐，
然后人伐之。春秋無義戰。孟子道性善，言必稱堯舜。民貴君輕。
孔子聖之時者也。孔子之謂集大成。此一時，彼一時也。生于憂
患，死于安樂。國無敵國外患者，國恒亡。《孟子七篇》是孟子
親自審定和編寫，以他才思的敏捷而雄辯，及他對事理觀察、判
斷的透徹，以及對人性的準確理解，任選讀幾篇，都可見其鋒芒
四射，咄咄逼人。

　　《孟子·盡心上》孟子曰：「廣土衆民，君子欲之，所樂不
存焉。（孟子說過：人亦孰不欲富貴？但對孟子來說：所樂不存
焉。）中天下而立，定四海之民，君子樂之，所性不存焉。（如
管仲相齊以霸，管仲之君臣樂，而孟子所性不存焉。）君子所性，
（即指孟子自己）雖大行不加焉（雖居天子之位，行仁政於天下，
對孟子的本性來說，沒有什麼增加），雖窮居不損焉，分定固也。

（指孟子有了人的第二人性必需經常擴充的牢固信念，在孟子自己是不會因富貴、貧窮而有任何動搖的。）君子所性，仁義禮智（信）根于心，其生色也（其所產生的精神面貌）睟然（清和而潤澤），見于面（表現在顏面上），盎于背（顯露在項背上）施于四體（遍及全身四肢），四體不言而喻。（在全身四肢動作上，不必言語，別人都會看得一清二楚。）」這段文字與《孟子·滕文公下》的一段文字，有相互補充，互相發明的作用。景春（與孟子同時期的人）曰：「公孫衍、張儀豈不大丈夫哉？一怒而諸侯懼，安居而天下熄。（平靜無事）」孟子曰：「是焉得爲大丈夫乎？子未學禮乎？丈夫之冠也，父命之。（古代男子廿歲，行加冠禮。）女子之嫁也，母命之，往送之門，戒之曰：往之汝家，必敬必戒，無違夫子！（指丈夫）以順爲正者，妾婦之道也。（指古代說客，一味奉承時君之意，以逞其說，而獵取個人功名富貴。蘇秦佩六國相印，公孫衍佩五國相印，張儀任秦相。）居天下之廣居，立天下之正位，行天下之大道，得志，與民由之，不得志，獨行其道。富貴不能淫，貧賤不能移，威武不能屈，此之謂大丈夫。」《孟子·盡心上》孟子曰：「孔子登東山（即蒙山，在今山東蒙陰縣南）而小魯，登泰山而小天下，故觀于海者難爲水，（看了海洋，河流就不消看了。）遊于聖人之門者難爲言，（在聖人之門學習過的人，別的議論和學說，就不消聽了。）觀水有術，必觀其瀾。（波瀾）日月有明，容光必照焉。（只要有一絲縫隙，日月的光輝都可照得到。）流水之爲物也，不盈科不行。（流水不把窪地流滿，不會再向前流去。）君子之志于道也，不成章不達。（如：樂竟爲一章。竟——告一段落。樂——奏樂。）」《孟子·離婁上》孟子曰：「存（察）乎人者，莫良于眸子（目瞳子），眸子不能掩其惡。胸中正，則眸子瞭焉（明）。胸中不

正，則眸子眊焉（眼蒙）。聽其言也，觀其眸子，人焉廋哉？（人的善惡動機從眸子可以看出，若想匿藏是辦不到的。）」以上兩則，足見孟子對事理的透徹理解，眸子一節，特爲尤甚，令人敬佩無已。《孟子·公孫丑下》孟子曰：「天時不如地利，地利不如人和。三里之城（內城），七里之郭（外城），環而攻之而不勝。夫環而攻之，必有得天時者矣，（指進攻者必得天時才去進攻。）然而不勝者，是天時不如地利也。（指守城者，有城郭之固，得了地利，故攻者有天時，而不如守者之得有地利。）城非不高也，池（城下壕溝）非不深也，兵革非不堅利也，米粟非不多也，委而去之（棄城逃走），是地利不如人和也。（守城者雖有城郭、壕溝、兵器、糧食充足等有利條件，卻因內部不團結而棄城逃遁。）故曰：域民（限制百姓不外逃）不以封疆之界，固國不以山谿之險（山川、山河），威天下不以兵革之利。得道者多助，（指行仁政、爲政以德、爲政愛人。）失道者寡助。寡助之至，親戚叛之，多助之至，天下順之。以天下之所順，攻親戚之所叛，故君子有不戰，戰必勝矣。」這段文字，步步進攻，使人招架不住，孟子散文藝術之成就，已到爐火純青的境界。無怪乎有人贊歎說：唐以後的古文家，如韓愈、柳宗元、蘇洵、蘇軾等學習孟子散文的，多至不可勝數！不是孟子的才智出衆，識學淵博，掌握了人性的眞諦，區分了仁政與暴政的大方向，怎能有此驚人的成就?!其欲世人不宗爲「亞聖」者得乎?!按元朝仁宗皇帝重儒尊道，封孔子爲大成至聖文宣王。司馬遷《孔子世家》早已稱孔子爲至聖，孟子次於孔子，故稱亞聖。

三、孟子出訪各國的動機、行程、所抱宗旨、主要目標。

㈠孔子，「齊國饋女樂，孔子行。」（《史記》）孟子則是授徒講學之餘，躍躍欲試，意圖推行他的仁愛學說，實行他王天下（統一天下）的政治理想，特別對齊國寄予的希望最大。可惜的是未能得志，是一大歷史悲劇。然而他的學說，未能行之當時，爾後歷史卻爲他的學說作出了鐵證。請看：孟子死後六十八年，秦以武力滅齊、楚、燕、韓、趙、魏六諸侯國，統一全中國。始皇正式登位十二年，二世三年，共十五年，陳勝、吳廣、劉邦、項羽相率起義，一舉而滅亡秦國。始皇病死於出遊途中，距長安二千餘里的沙丘、趙國故宮中。二世被奸相趙高遣其婿咸陽令閻樂，前往行誅，被逼自殺而死。西漢政論家、文學家賈誼《過秦論》中說：「以六合爲家，殽函爲宮，一夫作難而七廟墮，身死人手，爲天下笑者，何也？仁義不施而攻守之勢異也。」晚唐著名詩人杜牧在他《阿房宮賦》中，結論說：「滅六國者六國也，非秦也。族（族滅）秦者秦也，非天下也。使六國各愛其人，則足以拒秦。秦復愛六國之人，則遞三世可至萬世而爲君，誰得而族滅也？秦人不暇自哀，而後人哀之，後人哀之而不鑒之，亦使後人而復哀後人也。」

㈡孟子出訪各國，往來穿梭，據孟子書中所載，其行大概如下：

鄒國→齊（威王階段，第一次）→宋（宋王偃。孟子在宋時，曾與未即位前的滕文公，兩次談話。）→薛國（爲齊大將田嬰之封邑，嬰爲威王少子，宣王庶弟，孟嘗君之父。）→鄒→魯（平公）→滕→梁（即魏惠王，惠王卒，孟子與其子襄王談話一次。）→齊（宣王階段，係第二次，任齊客卿。）→回鄒。（年已七十，退與弟子萬章，編寫《孟子七篇》。

㈢孟子出訪各國，他所抱的宗旨是：以仁義說時君。他認爲：

「桀紂之失天下也，失其民也。失其民者，失其心也。得天下有道，得其民，斯得天下矣。得其民有道，得其心，斯得民矣。得其心有道，所欲與之、聚之，所惡勿施爾也。民之歸仁也，猶水之就下，獸之走壙也。故爲淵敺魚者，獺也，爲叢敺雀者，鸇也。爲湯武敺民者，桀與紂也。今天下之君，有好仁者，則諸侯皆爲敺矣。雖欲無王（統一天下），不可得已。今之欲王者，猶七年之病，求三年之艾也。（艾可以灸人病，久乾益善。）苟爲不蓄，終身不得。苟不志于仁，終身憂辱，以陷于死亡。」（見《孟子·離婁上》）因此孟子對有人以利說國君的，便加以導開和阻止。（宋人）宋牼將之楚，孟子過於石丘（宋國地名），曰：「先生將何之？」曰：「吾聞秦楚構兵，我將見楚王說而罷之。楚王不悅，我將見秦王說而罷之，二王將有所遇焉。」

曰：「軻也請無問其詳，願聞其指(大意)。說之將何如？」

曰：「我將言其不利也。」

曰：「先生之志大矣，先生之號（提法、號召、說法）則不可。先生以利說秦、楚之王，秦、楚之王悅于利，以罷三軍之師，是三軍之士樂罷而悅于利也。爲人臣者懷利以事其君，爲人子者懷利以事其父，爲人弟者懷利以事其兄，是君臣，父子，兄弟終去仁義，懷利以相接，然而不亡者，未之有也。先生以仁義說秦、楚之王，秦、楚之王悅于仁義，而罷三軍之師，是三軍之師樂罷而悅于仁義也。爲人臣者懷仁義以事其君，爲人子者懷仁義以事其父，爲人弟者懷仁義以事其兄，是君臣、父子、兄弟去利，懷仁義以相接也，然而不王者（不統一天下），未之有也。何必曰利？」（《孟子·告子下》）（按孟子這番話是多麼深刻啊！）

㈣孟子出訪各國，主要目標在齊國，他分析形勢，以齊國統一天下，最具有條件。他說：「以齊王（統一天下），由（猶）

反手也。夏后、殷、周之盛，地未有過千里者也，而齊有其地矣。雞鳴狗吠相聞，而達乎四境，而齊有其民矣。地不改辟矣（土地不必再開拓），民不改聚矣（人民不必再增加），行仁政而王，莫之能禦也。且王者之不作，未有疏于此時者也，民之憔悴于虐政，未有甚于此時者也。飢者易爲食，渴者易爲飲。孔子曰：『德之流行，速于置郵（驛站）而傳命（傳遞國家政令）。』當今之時，萬乘之國（指齊國）行仁政，民之悅之，猶解倒懸也。故事半古之人，功必倍之，惟此時爲然。」（《孟子・公孫丑》）（按孟子當時對齊國形勢之估計，至爲確當。只可惜齊之前威王，後之宣王，目光短淺，只爲眼前私利，未能遠謀，徒有齊稷下致天下賢士之虛名，坐失乎治天下之良機，可悲也夫！）

四、孟子第一次出訪齊國情況

㈠齊國的歷史背景

　　齊原爲周武王伐紂，軍師姜太公呂尙的封國，世代相傳，至齊景公在位，晏嬰爲相階段，大夫田乞專國政。景公卒，遺囑寵姬子荼繼位，是爲晏孺子。田乞不悅，欲立佗子陽生，陽生素與乞歡。晏孺子之立，陽生奔魯。乞迎歸，盛於皮囊中。請諸大夫會飲，發囊，出陽生，曰：「此乃齊君矣。」並誣曰：「吾與鮑牧謀共立陽生也。」鮑牧怒曰：「大夫忘景公之命乎？」諸大夫欲悔，陽生乃頓首曰：「可則立之，不可則已。」鮑牧恐禍及己，乃復曰：「皆景公之子，何爲不可！」遂立陽生於田乞之家，是爲悼公。乃使人遷晏孺子而殺之（按：此種手段，最爲殘酷惡毒。），任田乞爲相。四年，田乞卒，子田常代立。鮑牧與悼公有隙，弒悼公。齊人共立其子壬，是爲簡公。田常與闞止俱爲左右相，闞止幸於簡公，田常心害之。田氏之徒追殺闞止，恐簡公復立而誅

己，遂殺簡公。時孔子已回歸魯國，請哀公伐之，不果。田常立簡公弟，是爲平公。於是盡誅鮑、晏、闞止及公族之強者，割齊地自爲封邑。封邑大於平公之所食。選齊國中女子長七尺以上爲後宮，數以百計，使賓客舍人出入後宮不禁，生七十餘男。由田常經田襄子、田莊子至曾孫田和，與魏文侯會商，求爲諸侯。魏文侯乃使使言於周天子及諸侯，請立齊相田和爲諸侯，周天子許之。從此田氏稱諸侯，但仍號齊國。後經桓公（非管仲爲相時之桓公小白，而是此時田午之桓公）、威王、宣王、湣王、襄王、建王，最後繼韓、趙、魏、楚、燕五國及東西周君滅於秦國之後，建王降於秦，秦始皇統一全中國。威王立，齊姜太公呂尙末代後裔康公卒，絕祀，奉邑皆入田氏。

㈡孟子首訪齊國時，齊威王政績輝煌。

　但非仁義之道，終難久遠。

　齊威王初立，日事酒色，聽音樂，不修國政。九年之間，韓、趙、魏、魯，悉起兵來伐，邊將屢敗。一日，有士人叩閽求見，自稱：「姓騶名忌，本國人，知琴。聞王好音，特來求見。」威王召而見之，賜之坐，使左右置几，進琴於前。忌撫琴而不彈。威王問曰：「聞先生善琴，寡人願聞至音。今撫琴而不彈，豈琴不佳乎？抑有不足于寡人耶？」騶忌舍琴，正容而對曰：「臣所知者，琴理也。若夫絲桐之聲，樂工之事，臣雖知之，不足以辱王之聽也。」威王曰：「琴理何如，可得聞乎？」騶忌對曰：「琴者，禁也。所以禁止淫邪，使歸于正。昔伏羲作琴，長短圓方，法天地也，象六合也。其音濁者寬而不弛，清者廉而不亂。文弦武弦，以合君臣之恩也。君臣相得，政令和諧，治國之道，不過如此。威王曰：「先生既知琴理，必審琴音，願先生試一彈之！」騶忌對曰：「臣以琴爲事，則審于琴。大王以國爲事，豈不審于

國哉？今大王撫國而不治，何異臣之撫琴而彈乎？臣以撫琴而不
彈，無以暢大王之意。大王撫國而不治，恐無以暢萬民之意也。」
威王愕然曰：「先生以琴諫寡人，寡人聞命矣！」遂留之右室。
明日，沐浴而召之，與之談論國事。騶忌勸威王節飲遠色，核名
實，別忠佞，息民教戰，經營霸王之業。威王大悅，即拜騶忌爲
相國。

　　時有辯士淳于髠，見騶忌唾手取相印，心中不服，率其徒往
見騶忌。忌接之甚恭。髠有傲色，直入踞上坐，謂忌曰：「髠有
愚志，願陳于相國之前，不識可否？」忌曰：「願聞。」淳于髠
曰：「子不離母，婦不離夫。」忌曰：「謹受教，不敢遠于君側。」
髠又曰：「棘木爲輪，塗以豬脂，至滑也，投于方孔，則不能運
轉。」忌曰：「謹受教，不敢不順人情。」髠又曰：「弓幹雖膠，
有時而解，衆流赴海，自然而合。」忌曰：「謹受教，不敢不親
附于萬民。」髠又曰：「狐裘雖敝，不可補以黃狗之皮。」忌曰：
「謹受教，請選擇賢者，毋雜不肖于其間。」髠又曰：「輻轂不
較分寸，不能成車，琴瑟不較緩急，不能成律。」忌曰：「謹受
教，請修法令而督奸吏。」淳于髠默然，再拜而退。既出門，其
徒曰：「夫子始見相國，何其倨，今再拜而退，又何屈也？」淳
于髠曰：「吾示以微言凡五，相國隨口而應，悉解吾意。此誠大
才，吾所不及！」於是遊說之士，聞騶忌之名，無敢入齊者。騶
忌亦用淳于髠之言，盡心圖治。常訪問：「邑守中，誰賢、誰不
肖？」同朝之人，無不極口稱阿大夫之賢，而貶即墨大夫者。忌
述於威王。威王於不意中，時時問及左右，所對大略相同。乃陰
使人往察二邑治狀，從實回報，因降旨召阿、即墨二守入朝。即
墨大夫先到，見朝威王，並無一言發放。左右皆驚訝，不解其故。
未幾，阿邑大夫亦到。威王大集群臣，欲行賞罰。左右私心揣度，

都道：「阿大夫今番必有重賞，即墨大夫禍事到矣。」衆文武朝
事既畢，威王召即墨大夫至前，謂曰：「自子之官即墨也，毀言
日至，吾使人視即墨，田野開闢，人民富饒，官無留事，東方以
寧，由子專意治邑，不肯媚吾左右，故蒙毀耳。子誠賢令！」乃
加封萬家之邑。又召阿大夫謂曰：「自子守阿，譽言日至，吾使
人視阿，田野荒蕪，人民凍餒。昔日趙兵近境，子不往救，但以
厚幣精金，賄吾左右，以求美譽。守之不肖，無過于汝！」阿大
夫頓首謝罪，願改過。威王不聽，呼力士使具鼎鑊。須臾，火猛
湯沸，縛阿大夫投鼎中。復召左右平昔常譽阿大夫、毀即墨者，
凡數十人，責之曰：「汝在寡人左右，寡人以耳目寄汝，乃私受
賄賂，顚倒是非，以欺寡人。有臣如此，要他何用？可俱就烹！」
衆皆泣拜哀求。威王怒猶未息，擇其平日尤所親信者十餘人，次
第烹之。衆皆股慄。於是選賢才，改易郡守，齊國大治，諸侯畏
服。威王以下邳封騶忌，曰：「成寡人之志者，吾子也。」號曰
成侯。騶忌謝恩畢，復奏曰：「昔齊桓、晉文，五霸中爲最盛，
所以然者，以尊周爲名也。今周室雖微，九鼎猶在，大王何不如
周，行朝覲之禮，因假王寵，以臨諸侯，桓、文之業，不足道矣。」
威王曰：「寡人已僭號爲王，今以王朝王可乎？」騶忌對曰：「
夫稱王者，所以雄長乎諸侯，非所以壓天子也。若朝王之際，暫
稱齊侯，天子必善大王之謙德，而寵命自加矣。」威王大悅。即
命駕往成周，朝見天子。時周烈王六年，王室微弱，諸侯久不行
朝祀，獨有齊侯來朝，上下皆鼓舞相慶。烈王大搜寶藏爲贈。威
王自周返齊，一路頌聲載道，皆稱其賢。當時天下，大國凡七：
齊、楚、燕、韓、趙、魏、秦，地廣兵強，大略相等。餘如越國，
雖則稱王，日就衰弱。至宋、魯、衛、鄭等國，更不足道矣。自
齊威王稱霸，各國皆在齊下，會聚之時，推爲盟主。惟秦僻在西

戎，中國擯棄，不與通好。秦孝公立，以不得列於中國爲恥，於是下令招賢。後來商鞅在秦變法，秦國富強，奠定始皇統一全中國之基礎，就是指這件事。

　　㈢威王以孫臏爲軍師，田忌爲主將，大敗魏軍於桂陵。

　　龐忌嫉賢，內鬨因起。

　　是時魏惠王任魏人龐涓爲大將，另應墨翟之擧荐，使龐召其同學齊人孫臏來魏任職。指稱孫臏爲孫武子之後代子孫，武子著兵法十三篇，臏獨得祖傳之秘，堪稱大將才。龐亦深知孫子之才，大在己上，倘恐其到來，必然奪寵，因對魏王言曰：「臣非不知孫臏之才，但臏是齊人，宗族皆在于齊，今若仕魏，必先齊而後魏，臣是以不敢進言。」魏王曰：「士爲知己者用，豈必本國之人，方可用乎？」龐外示推崇，內則忮刻之至，私下籌思：魏王有命，不敢不依，且待來時，生計害他，誓必阻其進用之路！後來竟以「私通外國」之罪名，用法刑刖足黥面。（按即刖其雙足膝蓋骨，顏面以私通外國字樣刺字，用墨塗之。）墨翟訪知其事，不禁嘆曰：「吾本欲荐臏，今反害之矣！」因轉述於齊將田忌，田忌言於威王。威王即令客卿淳于髡，假以進茶名，設計密載孫子以歸。而在當時，孫子亦以詐瘋魔之計，存身脫禍，情狀至爲凄慘！至今京劇中，猶扮演其慘狀，令人悲傷不已。時威王暇時，常與宗族諸公子馳騎賭勝爲樂。田忌馬力不及，屢次失金。孫臏曰：「臣能以術勝之：誠以君之下駟，當彼上駟，而取君之上駟，與彼中駟角，取君之中駟，與彼下駟角，君雖一敗，必有二勝。」試之，果然一負二勝，多得采物千金。田忌奏曰：「今日之勝，非臣之馬力，乃孫子所教也。」因述其由。威王嘆曰：「即此小事，已見孫先生之智矣！」由是敬重有加，賞賜無算。

　　魏惠王既廢孫臏，責成龐涓恢復中山之事。中山爲一小國，

國君昏庸，叛服無常，魏文侯派兵滅之。後允其復國，復國又爲趙吞併。龐涓奏曰：「中山遠于魏而近于趙，與其遠爭，不如近割。臣請爲君直擣趙之邯鄲，以報中山之恨。」魏王許之。龐涓遂出兵伐趙，圍邯鄲。邯戰守將，連戰俱敗，上表趙成侯。成侯使人以中山賂齊求救。齊威王知孫子之能，拜爲大將。臏辭曰：「臣刑餘之人，而使主兵，顯齊國別無人才，爲敵所笑。請以田忌爲將。」威王乃用田忌爲將，孫臏爲軍師，常居輻車之中，陰爲畫策，不顯其名。田忌欲引兵救邯鄲，臏止之曰：「趙非龐涓之敵，比我至邯鄲，其城已下矣。不如駐兵于中道，揚言欲伐襄陵，龐涓必還，還而擊之，無不勝也。」忌用其謀。時邯鄲候救不至，守將以城降涓，涓遣人報捷於魏王。正欲進兵，忽聞齊遣田忌乘虛來襲襄陵。龐涓驚曰：「襄陵有失，都城安邑震動，吾當還救根本。」乃班師。離桂陵廿里，便遇齊兵。原來孫臏早已打聽魏兵到來，先使牙將截路搦戰，旋即詐敗而走，引得龐涓自帥選鋒五千人前來打陣。將及桂陵，齊將田忌擺開陣勢，只見八方旗色，紛紛轉換，金鼓齊鳴，四下吶喊。豎旗上俱有軍師「孫」字。龐涓大駭曰：「刖夫果在齊國，吾墮其計矣。」正危急間，龐軍兩路殺進，單單救出龐涓，那五千選鋒，不剩一人。全軍共損兩萬餘人。龐涓知孫臏在軍中，心中懼怕，相率棄營而遁，連夜回魏國去了。田忌與孫臏，探知魏軍逃走，奏凱回齊。魏惠王以龐涓有取邯鄲之功，雖然桂陵喪敗，將功准罪。齊威王遂寵任田忌、孫臏，專以兵權委之。騶忌恐其將來代己爲相，密與門客公孫閱商量，欲要奪田忌、孫臏之寵。恰好龐涓使人以千金行賂於騶忌之門，要他退去孫臏。騶忌正中其懷，乃使公孫閱假作田忌家人，持十金，於五鼓叩卜者之門，曰：「我奉田忌將軍之差，欲求占卦。」卦成，卜者問：「何用？」閱曰：「我將軍，田氏

之宗也，兵權在握，威震鄰國，今欲謀大事，煩爲斷其吉凶。」卜者大驚曰：「此悖逆之事，吾不敢聞！」公孫囑曰：「先生即不肯斷，幸勿洩！」公孫閱方才出門，騶忌差人已到，將卜者拿住，說他替叛臣占卦。卜者曰：「雖有人來小店，實不曾占。」騶忌遂入朝，以田忌所占之語，告於威王，即引卜者爲證。威王果疑，每日使人伺田忌之舉動。田忌聞其故，遂託病辭了兵政，以釋齊王之疑，孫臏亦謝去軍師之職。明年，齊威王薨，子齊宣王立，宣王素知田忌之冤，與孫臏之能，俱召回故位。一說田忌率其徒襲齊攻成侯騶忌不勝出奔。後始復位。（按騶忌此舉極其惡毒，由此亦顯出孟子仁義學說的燦爛光輝。）

　㈣**孟子於齊威王未死前，首訪齊國情況。**

　　齊威王在位卅六年。第廿六年大敗魏惠王於桂陵。此時齊國最稱強盛。孟子來訪，齊王認爲無所諮詢於孟子，雙方沒有直接談話，僅餽兼金百鎰（價倍於常者曰兼金，古所謂金，實際爲銅）。孟子未受。認爲：「未有處也。無處而餽之，是貨之也。焉有君子可以貨取乎？」（無處——沒有理由。貨取——行賄、用金錢收買。）孟子便離齊，往訪宋、薛、鄒、魯、滕、梁（魏）等國，然後第二次赴齊。按威王在位卅六年，宣王在位十九年，這五十五年期間，是齊國的黃金時刻，齊在諸侯中最爲強盛。假若威王於第一次孟子來訪之際，接受孟子學說，實行仁政，宣王於第二次來訪之際，同樣接受孟子學說，實行仁政，則齊國統一全中國，照孟子的話說：「猶反手也。」可悲的是：威王連接見都沒有接見。宣王接見了，並且「加齊之卿相」的官職，可是宣王卻沒有實行仁政的決心。用孟子自己的話說：「于崇（地名）吾得見王（宣王），退（談話後退出）而有去志。久于齊，非我志也。」孟子去齊，（孟子弟子）充虞路（在路上）問曰：「夫子若有不

豫色然。前日虞聞諸夫子曰：『君子不怨天，不尤人。』」（孟子）曰：「彼一時，此一時也。（指與你談話時，是時爲寬閑之時，是一般經常之論。此一時，是我去齊之時，是行藏、治亂關係之時，則憂天憫人之意，不得不形諸顏色也。）五百年必有王者興，其間必有名世者（命世之才）。由周而來，七百餘歲矣。以其數，則過矣。以其時考之，則可矣。夫天未欲平治天下也，如欲平治天下，當今之世，舍我其誰也？吾何爲不豫哉？」可見孟子兩次訪齊，雖未得志，但他並不以此而放棄或修改他的學說。二千五百年後的今天看問題，他的學說是正確，二千五年後看孟子本人，他與孔子，乃至唐朝韓愈，都是一個歷史悲劇。造成的原因只有一個，就是國家政權私有制。此制不改，悲劇無窮，可不懼哉！

五、孟子第二次出訪齊國情況

㈠孟子第二次訪齊：齊自田乞、田常專國政以來，已有好客的遺風。齊威王時，齊城西門側叫稷門，在系水左右沒設有講室，談說之士期會於其下，故稱之爲稷下先生。宣王喜文學游說之士，如騶衍、淳于髡、田駢、騶奭、接子、愼到、環淵之徒七十六人，皆賜列第，爲上大夫，不治而議論。是以齊稷下學士之風復盛，且數百千人。各著書，言治亂之事，以干世主。荀卿（世稱荀子），趙人。年五十，始來游學於齊。仕齊爲祭酒，仕楚爲蘭陵令，韓非、李斯皆其弟子，著《荀子》一書廿二卷。孟子就是在這種風氣影響下，第二次到齊國訪問的。

㈡宣王二年，齊大敗魏軍於馬陵。

初魏龐涓，聞齊國退了田忌、孫臏不用，大喜曰：「吾今日乃可橫行天下也！」是時韓哀侯滅鄭國而都之，趙相國如韓稱賀，

因約請同起兵伐魏，滅魏之日，同分魏地。龐涓訪知此信，言於惠王，乘其未合，宜先伐韓，以沮其謀。惠王許之。使太子申爲上將軍，龐涓爲大將，起傾國之兵，進攻韓國，直造韓都。韓哀侯遣人告急於齊，求其出兵相救。齊宣王大集群臣，問以救與不救，孰是孰非？相國騶忌曰：「韓魏相倂，此鄰國之幸事，不如勿救。」田忌、田嬰皆曰：「魏勝韓，則禍必及齊，救之爲是。」孫臏獨嘿然無語。宣王曰：「軍師不發一言，豈救與不救，二策皆非乎？」孫臏對曰：「然也。夫魏國自恃其強，前年伐趙，今年伐韓，其心亦豈須臾忘齊哉？若不救，是棄韓以肥魏，故言不救者非也。魏方伐韓，韓未敝而吾救之，是我伐韓受兵，韓享其安，而我受其危，故言救者亦非也。」宣王曰：「然則何如？」孫臏對曰：「爲大王計，宜許韓必救，以安其心。韓知有齊救，必悉力以拒魏，魏亦必悉力以攻韓。吾俟魏之敝，徐引兵而往，攻敝魏以存危韓，用力少而見功多，豈不勝于前二策耶？」宣王鼓掌稱善。遂許韓使，言：「齊救且暮且至。」韓哀侯大喜，乃悉力拒魏。前後交鋒五六次，韓皆不勝，復遣使往齊，催趲救兵。齊後用田忌爲大將，田嬰副之，孫子爲軍師，率兵車救韓。田忌又欲望韓進發，孫臏曰：「不可，不可！吾向者救趙，未嘗至趙，今救韓，奈何往韓乎？」田忌曰：「軍師之意，將欲如何？」孫臏曰：「夫解紛之術，在攻其所必救。今日之計，惟有直走魏都耳。」田忌從之。乃令三軍齊向魏都進發。龐涓連敗韓師，將逼新都，忽接本國警報，齊兵復寇魏境，望元帥作速班師！龐涓大驚，即時傳令去韓歸魏，韓兵亦不追趕。孫臏知龐涓將兵，謂田忌曰：「三晉（韓、趙、魏）兵素悍勇而輕齊，齊號爲怯，善戰者因其勢而利導之。吾軍遠入魏地，宜詐爲弱形以誘之。」田忌曰：「誘之如何？」孫臏曰：「今日當作十萬灶，明後日以漸減

去。彼見軍灶頓減，必謂吾兵怯戰，逃亡過半，將兼程逐利，其氣必驕，其力必疲，吾因以計取之。」田忌從其計。

卻說龐涓向西南退兵，及至魏境，知齊兵已前去了。遺下安營之跡，地甚寬廣，使人數其灶，足有十萬。明日又至前營，查其灶僅五萬餘，又明日，灶僅三萬。涓以手加額曰：「某固知齊人素怯，今入魏地，才三日，士卒逃亡，已過半了，尚敢操戈相角乎？」當下傳令，不分早夜，兼程而進。孫臏屈指計程，日暮必至馬陵。那馬陵道在兩山中間，溪谷深隘，堪以伏兵。道傍樹木叢密，臏只揀絕大一株留下，餘樹盡皆砍倒，縱橫道上，以塞其行。卻將那大樹向東樹身砍白，用黑煤大書六字：「龐涓死此樹下！」上面橫書四字：「軍師孫示。」令部將各選弓弩手五千，左右埋伏，吩咐：「但看樹下火光起時，一齊發弩。」再令田嬰引兵一萬，離馬陵三里埋伏，只待魏兵已過，便從後截殺。自與田忌引兵遠遠屯紮，準備接應。龐涓一路打聽齊兵過去不遠，恨不得立刻趕著。來到馬陵道時，恰好日落西山，其時十月下旬，又無月色。前軍回報：「有斷木塞路，難以進前。」龐涓叱曰：「此齊兵畏吾躡其後，故設此計也。」正欲指麾軍士搬木開路，忽抬頭看見樹上砍白處，隱隱有字跡，但昏黑難辨。命小軍取火照之，眾軍士一齊點起火來。龐涓於火光之下，看得明白。大驚曰：「吾中刖夫之計矣！」急教退兵，說猶未絕，那兩支伏兵，望見火光，萬弩齊發，箭如雨驟。軍士大亂。龐涓身帶重傷，料不能脫，嘆曰：「吾恨不殺此刖夫，遂成豎子之名！」即引佩劍自刎其喉而絕。軍將中矢身亡者，不計其數。時太子申在後隊，聞前軍有失，慌忙紮住不行，不提防田嬰一軍，反從後面殺到，魏兵心膽俱裂，無人敢戰，各四散逃生。太子申勢孤力寡，被田嬰生擒，縛置車中。田忌和孫臏統大軍接應，殺得魏軍屍橫遍野。

輕重軍器，盡歸於齊。孫臏手斬龐涓之頭，懸於車上。齊軍大勝，
奏凱而還。其夜太子申懼辱，亦自刎而死。田忌等班師回國，宣
王大喜，設宴相勞，親爲田忌、田嬰、孫臏把盞。相國騶忌，自
思昔日私受魏賂，欲陷田忌之事，未免於心有愧，遂稱病篤，使
人繳還相印。宣王遂拜田忌爲相國，田嬰爲將軍，孫臏軍師如故，
加封大邑。孫臏固辭不受，但願得閒山一片，爲終老之計。宣王
留之不得，乃封以石閭之山，從此不再入世任事。

　　宣王將龐涓之首，懸示國內，以張國威。使人告捷於諸侯，
諸侯無不聳懼。韓趙二君尤感救兵之德，親來朝賀。宣王欲與韓
趙合兵攻魏，魏惠王大恐，亦遣使通和，請朝於齊。宣王約會三
晉之君，同會於博望城，無敢違者。三君同時朝見，天下榮之。
孟子曰：「生于憂患，死于安樂。入則無法家拂士，出則無敵國
外患者，國恒亡。」其後，宣王遂自恃其強，耽於酒色，築雪宮
於城內，以備宴樂。闢郊外四十里爲苑囿，以備狩獵。嬖臣王驩
等用事，田忌屢諫不聽，鬱鬱而卒。孟子此時在齊，亦曾進諫。

　㈢宣王五年，齊伐燕。繼後燕復齊仇。繼後齊敗燕，悉復故
　　城。最後秦滅五國，齊不戰降秦，國亡。

　　燕爲召公封地，與周同姓，姓姬氏，爲周之支族。文公爲燕
之後裔。文公卒，太子易王立。齊宣王因喪伐燕，取十城，蘇秦
說齊，使復歸燕十城。易王卒，子燕噲立。噲荒於酒色，貪逸樂，
不願臨朝聽政。相國子之，身長八尺，面闊口方，手綽飛禽，走
及奔馬，自燕易王時，已執國政，見噲貪圖享樂，遂有篡奪之意。
蘇代、蘇厲（說客蘇秦兄弟，皆游說之士。）與子之相厚，每對
諸侯使者，揚其賢名。噲使蘇代如齊，問候質子，事畢歸燕。噲
問：「聞齊有孟嘗君（田嬰子），天下之大賢也，齊王有此賢臣，
遂可以霸天下乎？」代對曰：「不能。」噲問：「何故不能？」

代對曰：「知孟嘗君之賢，而用之不專，安能成霸？」噲曰：「寡人獨不得孟嘗君爲臣耳，何難專任哉！」蘇代曰：「今相國子之，明習政事，是即燕之孟嘗君也。」噲竟受其慫恿，使子之專決國事。一日，噲問於大夫鹿毛壽曰：「古之人君多矣，何以獨稱堯舜？」鹿亦子之之黨，遂對曰：「堯舜所以稱聖者，以堯能讓天下于舜，舜能讓天下于禹也。」噲曰：「然則禹何爲獨傳于子？」鹿曰：「禹亦嘗讓天下于益，但使代理政事，而未嘗廢其太子，故禹崩之後，太子啓竟奪益之天下。至今論者謂禹德衰，不及堯舜，以此之故。」燕王噲曰：「寡人欲以國讓于子之，事可行否？」鹿毛壽曰：「王如行之，與堯舜何以異哉？」噲遂大集群臣，廢太子平，而禪國於子之。子之佯爲謙遜，至於再三，然後敢受。乃郊天祭地，服袞冕，執圭，南面稱王，略無慚色。噲反北面列於臣位，出就別宮居住。蘇代、鹿毛壽俱拜上卿。將軍市被心中不忿，乃帥本部軍士，往攻子之，百姓亦多從之。兩下連戰十餘日，殺傷數萬人，市被終不勝，爲子之所殺。鹿毛壽言於子之曰：「市被所以作亂者，以太子平在也。」子之因欲收太子平。平微服出逃。齊宣王（《史記》爲齊湣王，根據《孟子·梁惠王下》爲齊宣王。孟子是當時親見、親聞之事，故從《孟子》。）聞燕亂，乃使匡章爲大將，率兵十萬，從渤海進兵。燕人恨子之入骨，皆簞食壺漿，以迎齊師，無有持寸兵拒戰者。匡章出兵，凡五十日，兵不留行，直達燕都，百姓開門納之。子之之黨，見齊兵衆盛，長驅而入，亦皆聳懼奔竄。子之自恃其勇，與鹿毛壽率兵拒戰於大衢。兵士漸散，鹿毛壽戰死，子之身負重傷，猶格殺百餘人，力竭身亡。燕王噲自縊於別宮。蘇代奔周。匡章因毀燕之宗廟，盡收燕府庫中寶物。燕地三千餘里，大半俱屬於齊。燕人雖恨子之，見齊王意在滅燕，衆心不服，乃共求故

太子平，奉以爲君，是爲昭王。各邑已降齊者，一時皆叛齊歸燕。昭王仍歸燕都，修理宗廟，志復齊仇。築黃金台，積黃金於台上，以招天下賢士。趙人樂毅自魏往，任爲上將軍。燕、秦、三晉（韓、趙、魏）五國合謀以伐齊。唐朝詩人趙子昂有感於自身懷才不遇，曾寫下千古名句：《登幽州台歌》即登此黃金台歌。詩云：「前不見古人，後不見來者。念天地之悠悠，獨愴然而涕下。」即詠懷燕昭王以黃金奉天下賢士，重用樂毅之事。五國連兵伐齊，齊許盡割淮北之地爲賂，使人求救於楚。楚命大將淖齒率兵，以救齊爲名，往齊受地。樂毅出兵六個月，所攻下齊地七十餘城，惟莒州與即墨堅守不下。破臨淄齊都時，盡收取齊之財物寶器，並查舊日燕國重器前被齊掠奪者，大車裝載，俱歸燕國。是時齊宣王已死，湣王奔莒州，立淖齒爲相國。齒私通樂毅，生擢湣王筋，懸於屋樑之上，三日而後氣絕。欲覓王世子殺之不得。世子法章變名姓，爲莒太史敫家傭，與之灌園。太史女奇法章狀貌，憐而常竊衣食之，而與私通焉。淖齒既已去莒，莒中人及齊亡臣，相聚求湣王子，欲立之。法章懼其誅己，久之乃敢自言：「我湣王子也。」於是共立法章，是爲襄王，以保莒城，而布告國中。立太史女爲王后，是君王后，生子建。太史敫以女不取媒而自嫁，非吾種，汙吾世，終身不睹君王后。君王后賢，不以不睹故，失人子之禮。襄王在莒五年，田單以即墨攻破燕軍，迎襄王入臨淄。齊故地盡復屬齊。齊封田單爲安平君，食邑萬戶。襄王卒，子建立。秦日夜攻三晉、燕、楚。五國各自救於秦。以故王建四十餘年不受兵。五國已亡，秦兵入臨淄，齊王建聽相國后勝計，不戰以兵降秦。秦虜建，遷之於共，滅齊爲郡。齊國亡。

　　㈣齊宣王參加蘇秦「六國合縱擯秦」的行列。蘇秦爲燕反間於齊，以亂齊政。孟子及相國田嬰極諫，不聽。

　　蘇秦，字季子，東周洛陽人。與魏人張儀俱事鬼谷先生。一說蘇秦欲神秘其道，故假名鬼谷。出遊數歲，大困而歸。兄弟嫂妹妻妾皆竊笑之，曰：「周俗，治產業，力工商，逐什二以爲務。今子釋本而事口舌，困，不亦宜乎！」蘇秦聞之而慚，自傷，乃閉室不出，出其書，徧觀之。曰：「夫士業已屈首受書，而不能以取尊榮，雖多亦奚以爲！」於是得太公《陰符》，伏而讀之。欲睡，引錐自刺其股，血流至踵。曰：「安有說人主不能出其金玉錦繡，取卿相之尊者乎？」期年，揣摩成。曰：「此可以說當世之君矣。」求說周顯王，顯王左右素習知蘇秦，皆輕之，弗信。乃西至秦。說惠王。時惠王方誅商鞅，疾辯士，弗用。再謁秦相公孫衍，衍忌其才，不爲引進。思想當今七國之中，惟秦最強，可以輔成帝業，可奈秦王不能舉任。乃思一擯秦之策，必使六國同心協力，以孤秦勢，方可自立。乃東之趙。趙相奉陽君弗悅。去游燕，歲餘而後得見，說燕文公。文公曰：「子言則可，然吾國小，西迫強趙，南近齊。齊、趙強國也。子必欲合從以安燕，寡人請以國從。」於是資蘇秦車馬金帛以至趙。而奉陽君已死，因說趙肅侯。趙王曰：「寡人年少，立國日淺，未嘗得聞社稷之長計。今上客有意存天下，安諸侯，寡人敬以國從。」乃飾車百乘，黃金千鎰，白璧百雙，錦繡千純，以約諸侯。

　　是時秦攻魏，且欲東向伐趙。蘇秦使人奉以車馬金幣，計激張儀，往秦止之。於是續說韓宣王。韓王勃然作色，攘臂瞋目，按劍仰天太息曰：「寡人雖不肖，必不能事秦。今主君詔以趙王之教，敬奉社稷以從。」又往說魏襄王。魏王曰：「寡人不肖，未嘗得聞明教。今主君以趙王之詔詔之，敬以國從。」因東說齊宣王，曰：「齊南有泰山，東有琅邪，西有清河，北有渤海，此所謂四塞之國也。齊地，方二千餘里，帶甲數十萬，粟如丘山。

三軍之良，五郡之兵，進如鋒矢，戰如雷霆，動如風雨。即有軍役，臨淄之中七萬戶，臣竊度之，不下戶三男子，三七二十一萬，不待發於遠縣，而臨淄之卒固已二十一萬矣。臨淄甚富而實，臨淄之塗，車轂擊，人肩摩，連衽成帷，舉袂成幕，揮汗成雨，家殷人足，志高氣揚。夫以大王之賢與齊之強，天下莫能當。今乃西面而事秦，臣竊爲大王羞之。」齊宣王曰：「謹受教。」蘇秦乃驅車西南說楚威王。楚王曰：「秦，虎狼之國，不可親也。今主君欲一天下，集諸侯，存危國，寡人謹奉社稷以從。」於是六國合從，蘇秦爲從約長，並相六國。北報趙王，行過洛陽，諸侯各發使送之，車騎輜重，擬於君王。周顯王聞之恐懼，除道，使人郊勞。蘇秦之昆弟妻嫂，側目不敢仰視，俯伏侍食。蘇秦笑謂其嫂曰：「何前倨而後恭也？」嫂委蛇葡匐，以面掩地而謝曰：「見季子位高多金也。」蘇秦喟然歎曰：「此一人之身，富貴則親戚畏懼之，貧賤則輕易之。使我有洛陽負郭田二頃，吾豈能佩六國相印乎！」六國合從以成，遂將從約，投遞一通於秦。秦惠王觀之，大驚。謂相國公孫衍曰：「若六國爲一，寡人進攻無望矣！必須劃一策，以散其從約，方可圖大事。」公孫衍曰：「首從約者，趙也。大王興師伐趙，視其先救趙者，即移師伐之。如是，則諸侯懼，而從約可散矣。」時張儀已由蘇秦使人資助車馬金幣，得已至秦，任爲客卿。時亦在座，意不欲伐趙，以負蘇秦之德。乃進言曰：「六國新合，其勢未可猝離。夫近秦之國，無如魏，而燕在北，最遠。大王誠遣使以重賂求成于魏，以疑各國之心，而與燕太子結親，如此，則從約自解矣。」惠王稱善，乃許還魏前爲秦所奪襄陵等七城，以講和。魏亦使人報聘，復以女許配秦太子。趙王聞之，召蘇秦責之曰：「子倡爲從約，六國和親，相與擯秦，今未踰年，而燕魏二國皆與秦通，從約之不足恃

明矣。倘秦兵猝然加趙，尚可望二國之救乎？」蘇秦惶恐謝曰：「臣請爲大王出使燕國，並有以報魏也。」乃去趙適燕，燕易王以爲相國。時文公已死，易王新即位，齊宣王乘喪伐之，取十城。（事見前述）易王謂蘇秦曰：「始先君以國聽子，六國和親，今先君之骨未寒，而齊兵壓境，取我十城，如從約之盟誓何？」蘇秦曰：「臣請爲大王使齊，奉十城以還燕。」易王許之。蘇秦見齊宣王曰：「燕王者，大王之同盟，而秦王之愛婿。大王利其十城，不惟燕怨齊，秦亦怨齊矣。得十城而結二怨，非計也。大王聽臣計，不如歸燕之十城，以結燕秦之歡。齊得燕秦，于以號召天下不難矣。」宣王大悅，乃以十城還燕。易王之母文夫人，素慕蘇秦之才，使左右召秦入宮，因與私通。易王知之而不言。秦懼，乃結好於燕相國子之，與聯兒女之姻。又使其弟蘇代、蘇厲與子之結爲兄弟，欲以自固。燕夫人屢召蘇秦，秦益懼，不敢往。乃說易王曰：「燕齊之勢，終當相併，臣願爲大王行反間于齊。」易王曰：「反間如何？」秦對曰：「臣僞爲得罪于燕，而出奔齊國，齊王必重用臣，臣因敗齊政，以爲燕地。」易王許之，乃收秦相印，秦遂奔齊。齊宣王重其名，以爲客卿。秦因說宣王以田獵鐘鼓之樂。宣王好貨，因使厚其賦歛。宣王好色，因使妙選宮女，欲俟齊亂，而使燕乘之。宣王全然不悟。相國田嬰，時孟子任齊客卿，均極諫，不聽。

其後宣王死，子湣王立。秦寵用不衰。齊之左右貴戚，多有妒者，乃募壯士，懷利匕首，刺蘇秦於朝。匕首入秦腹，秦以手按腹而走，訴於湣王。湣王命擒賊，賊已逸去不可得。蘇秦曰：「臣死之後，願大王斬臣之頭，號令于市曰：『蘇秦爲燕行反間于齊，今幸誅死，有人知其陰事來告者，賞以千金。』如是，則賊可得也。」言訖，拔去匕首，血流滿地而死。湣王依其言，號

令蘇秦之頭於齊市中。須臾，有人過其頭下，見賞格，自誇於人曰：「殺秦者，我也！」市吏因執之以見潛王。王令司寇以嚴刑鞫之，盡得主使之人，誅滅凡數家。史家論蘇秦雖身死，猶能用計自報其仇，可爲智矣！而身不免見刺，豈非反覆不忠之報乎？

　　㈤綜上所述，時君之意，旨在自然人的第一人性（食、色或飲食、男女）的盡量發洩和延伸。所謂好貨、好勇（鞏固政權、侵略他國）好色、好享樂，無所不用其極。孟子之意，社會人的第二人性（仁、義、禮、智、信）應得到充分的肯定和應取得應有的權威。可悲的是：「繼世以有天下」，孟子能言之，不能行之。孔孟皆以悲劇終身。現將孟子第二次訪齊的主要談話內容，分述如下，並加以適當說明。

　　　1.第一次談話，齊宣王一開口就問：「齊桓、晉文之事，可得聞乎？」

　　孟子對曰：「仲尼之徒，無道桓、文之事者，是以後世無傳焉，臣未之聞也。無以，則王乎？」（不講桓、文，便講以王道，統一天下之事了。）

　　司馬遷《史記·管晏列傳》：「管仲，世所謂賢臣，然孔子小之。豈以爲周道衰微，桓公既賢，而不勉之至王，乃稱霸哉？」

　　孟子對話中便指出：稱霸，無非是對外「辟土地，朝秦楚，蒞中國而撫四夷。」這樣做，等於「緣木求魚」。緣木求魚，雖不得魚，無後災，稱霸有後災。理由很簡單：「小固不可以敵大，寡固不可以敵衆，弱固不可以敵強。海內之地，方千里者九，齊集有其一。以一服八，何以異於鄒敵楚哉？」搞稱霸有後災，「蓋亦反其本矣」。反其本，亦易爲。「今王發政施仁，使天下仕者皆欲立于王之朝，耕者皆欲耕于王之野，商賈皆欲藏于王之市，行旅皆欲出于王之塗，天下之欲疾其君者皆欲赴愬于王。其若是，

孰能禦之？」再提出說明：「發政施仁」，也很簡單：「民無恒產，因無恒心。苟無恒心，放辟邪侈，無不爲己。及陷于罪，然後從而刑之，是罔民也。焉有仁人在位罔民而可爲也？是故明君制民之產，必使仰足以事父母，俯足以畜妻子，樂歲終身飽，凶年免于死亡，然後驅而之善，故民之從也輕。」爲民制產，也亦易爲：「五畝之宅，樹之以桑，五十者可以衣帛矣。雞豚狗彘之畜，無失其時，七十者可以食肉矣。百畝之田，勿奪其時，八口之家可以無飢矣。謹庠序之教，申之以孝悌之義，頒白者不負戴于道路矣。（頭頂著、背負著物件）老者衣帛食肉，黎民不飢不寒，然而不王者，未之有也。」（王——以王道統一天下之意。）按古代農業社會，制民之產是重點。居今而言，就是使全民有充分就業機會，人人豐衣足食，而且不斷提高和改善生活。這是治國之根本。對執政者而言，要有人飢己飢，人溺己溺，視民如傷的思想，現代民主國家的元首，首要任務就是朝這個方向做的。

　　2.第二次談話內容：（齊臣）莊暴見孟子，曰：「暴見于王（齊宣王），王語暴以好樂，暴未有以對也。」曰：「好樂何如？」後來孟子見到齊王時的答覆是：「王之好樂甚，則齊其庶幾乎！獨樂樂，不若與人樂。少樂樂，不若與衆樂。」並且具體舉例說：「今王鼓樂于此，百姓聞王鐘鼓之聲，管籥之音，舉（皆）疾首蹙頞而相告曰：吾王之好鼓樂，夫何使我至于此極也？父子不相見，兄弟妻子離散。今王田獵于此，百姓聞王車馬之音，見羽旄之美，舉疾首蹙頞而相告曰：吾王之好田獵，夫何使我至于此極也？父子不相見，兄弟妻子離散。此無他，不與民同樂也。今王鼓樂于此，百姓聞王鐘鼓之聲，管籥之音，舉欣欣然有喜色而相告曰：吾王庶幾無疾病歟？何以能鼓樂也？今王田獵于此，百姓聞王車馬之音，見羽旄之美，舉欣欣然有喜色而相告曰：吾王庶

幾無疾病歟？何以能田獵也？此無他，與民同樂也。今王與百姓同樂，則王矣。」

　　3.接續談話四次中，重點：問文王之囿（打獵場）方七十里，民猶以爲小，寡人之囿方四十里，民猶以爲大，何也？問寡人居住雪宮，賢者亦有此樂乎？問寡人有疾，寡人好勇，寡人好貨，寡人好色？孟子的答覆是：不抹殺君王自然人第一人性（食、色）的滿足，但責以社會人第二人性（仁義禮智信）的必需擴充。他說：「文王之囿方七十里，芻蕘者（割草的、打柴的）往焉，雉兔者（打鳥的、捕獸的）往焉，與民同之。民以爲小，不亦宜乎？臣聞郊關之內有囿方四十里，殺其麋鹿者如殺人之罪，則是方四十里爲阱于國中。民以爲大，不亦宜乎？」君王住雪宮（別墅），問賢者亦有此樂乎？孟子的答覆是：「有。人不得，則非（埋怨）其上矣。不得而非其上者，非（是不對的）也。爲民上而不與民同樂者，亦非也（也是不對的）。樂民之樂者，民亦樂其樂。憂民之憂者，民亦憂其憂。樂以天下，憂以天下，然而不王者，未之有也。」北宋賢臣范仲淹《岳陽樓記》「先天下之憂而憂，後天下之樂而樂。」這一千古名句，即本孟子之語而來。對齊王所言「寡人有疾，寡人好勇、好貨、好色」的答覆是：不要好「撫劍疾視曰：彼惡敢當我！」敵一人的匹夫之小勇。而要好文王一怒而把侵略莒國的敵人打走，因以安天下之民的大勇。也要好武王一怒，而把橫行霸道的紂王消滅，因以安天下之民的大勇。好貨，要做到周之創業祖先公劉那樣：使「居者有積倉，行者有裹糧。」好色，要像周之祖先古公亶父那樣：「愛厥妃。當是時也，內無怨女，外無曠夫。王如好色，與百姓同之。」無論好勇、好貨、好色，都要做到欲與仁，欲與禮，欲與義的統一。君王要做到其欲與仁、義、禮的統一，就是要做到與民同呼吸、共命運，

與民同之。

4.往下接續兩次談話中，一是進賢的群眾路線問題，二是治事和治國的專家路線問題。孟子的意見是：「國君進賢，左右皆曰賢，未可也。諸大夫皆曰賢，未可也。國人皆曰賢，然後察之，見賢焉，然後用之。左右皆曰不可，勿聽。諸大夫皆曰不可，勿聽。國人皆曰不可，然後察之，見不可焉，然後去之。左右皆曰可殺，勿聽。諸大夫皆曰可殺，勿聽。國人皆曰可殺，然後察之，見可殺焉，然後殺之。故曰，國人殺之也。如此，然後可以爲民父母。」孟子見齊宣王，曰：「爲巨室（指宮室），則必使工師（工匠的主管官）求大木。工師得大木，則王喜，以爲能勝其任也。匠人斲（砍削）而小之，則王怒，以爲不勝其任矣。夫人幼而學之，壯而欲行之，王曰：姑舍汝學而從我，則何如？今有璞玉（玉之在石中者）于此，雖萬鎰（指價值萬鎰），必使玉人彫琢之，至于治國家，則曰，姑舍汝學而從我，則何以異于教玉人彫琢玉哉？」（按大陸馬列學者指責孟子爲主觀唯心論者，觀此兩例，孟子爲主觀乎？客觀乎？不難辨白。）

5.接續又兩次談話：齊宣王問卿。齊宣王問：湯放桀，武王伐紂，臣弒其君，可乎？孟子的答覆是：有貴戚之卿，有異姓之卿。貴戚之卿：君有大過則諫，反覆之而不聽，則易位。（則更換君主）齊王勃然變乎色。孟子曰：王勿異也。王問臣，臣不敢不以正對。異姓之卿：君有過則諫，反覆之而不聽，則去。（則辭職以去。孟子自己就是這樣做的。他任齊客卿，宣王不聽他的建議和意見，他就連俸祿都拒絕接受而辭卸回家。）（由此可見，孟子雖有民貴君輕，天視自我民視，天聽自我民聽的信念，但「繼世以有天下」的思想，在君主專政條件下，他不可能有所突破。）夏桀與商紂王是中國歷史上兩個臭名昭彰的暴君，商湯王、周武

王在當時雖屬於臣屬的地位，但爲民除害，興仁義之師而伐之，不算弒君。而齊宣王卻以「臣弒其君，可乎？」爲問。孟子說：「賊仁者謂之賊，賊義者謂之殘。殘賊之人謂之一夫。聞誅一夫紂矣，未聞弒君也。」

6.關於伐燕問題，齊宣王有兩問：一是以萬乘之國（齊）伐萬乘之國（燕），五旬而舉之，人力不至于此。不取（不吞併），必有天殃。（古語有云：天與不取，反爲之災。）取之，何如？孟子對曰：「取之而燕民悅，則取之。古之人有行之者，武王是也。取之而燕民不悅，則勿取。古之人有行之者，文王是也。（《論語・泰伯》文王「三分天下有其二，以服事殷。」（按文王以條件不成熟，故未興師伐紂。）以萬乘之國伐萬乘之國，簞食壺漿（送飯送酒）以迎王師，豈有他哉？避水火也。如水益深，如火益熱，亦運而已矣。（亦轉向別的救主了。）第二問是：齊人伐燕，取之，諸侯將謀救燕而伐齊，何以待之？孟子對曰：「臣聞七十里爲政于天下者，湯是也。未聞以千里（指齊國）畏人者也。《書》曰：湯一征（開始征伐），自葛始，東面而征，西夷怨。南面而征，北狄怨，曰：『奚爲後我？』民望之，若大旱之望雲霓也。誅其君而弔其民，若時雨降。今燕虐其民，王往而征之，民以爲將拯己于水火之中也，簞食壺漿以迎王師。若殺其父兄，繫累（束縛、綑綁）其子弟，毀其宗廟，遷其重器（寶物），如之何其可也？天下固畏齊之強也，今又倍地（土地擴大一倍）而不行仁政，以動天下之兵也。王速出令，反其旄倪（送回其老者和小孩），止其重器（停止搬走寶物），謀于燕衆，置君而後去之。（擇立新的燕王）則猶可及止也。」（還是來得及止住各國出兵伐齊。）

　　另據《孟子・公孫丑下》沈同（齊大臣）以其私問曰：「燕

可伐歟？」孟子曰：「可。子噲不得與人燕，子之不得受燕于子噲。有士于此，而子悅之，不告于王而私與之吾子之祿爵。夫士也，亦無王命而私受之于子，則可乎？一何以異于是？齊人伐燕、或問曰：『勸齊伐燕，有諸？』孟子曰：『未也。』沈同問：『燕可伐歟？』吾應之曰：『可。』彼然而伐之也。彼如曰：『孰可以伐之？』則將應之曰：『爲天吏，則可以伐之。』今有殺人者，或問之曰：『人可殺歟？』則將應之曰：『可。』彼如曰：『孰可以殺之？』則將應之曰：『爲士師（司法官）則可以殺之。』今以齊（暴齊）伐燕（暴燕），何爲勸之哉？」（按：這是孟子曾經答應過：「齊可以伐燕」的承諾，作辯解。）

　　另據《史記・燕召公世家》燕王噲以國讓於相國子之，收印自三百石吏以上而呈之子之。子之南面行王事，而噲老，不聽政，反爲臣，國事皆決於子之。三年，燕國大亂，百姓痛恐。將軍市被與太子平攻子之，不克。市被死以殉。搆難數月，死者數萬，衆人恫恐，百姓離志。孟軻謂齊王曰：「今伐燕，此文、武之時，不可失也。」王因令章子（匡章）將五郡之兵，以齊之北地之衆以伐燕，燕士卒不戰，城門不閉，燕君噲死。燕子之亡。齊大勝。（按兩書記載，稍有出入。但孟子之意，齊伐燕，救燕人於水火則可以。否則，不可以。）

　　7.關於君臣關係問題，及禮，臣爲舊君有喪服問題。孟子告齊宣王曰：「君之視臣如手足，則臣視君如腹心。君之視臣如犬馬，則臣視君如國人。君之視臣如土芥，則臣視君如寇讎。」

　　「諫行言聽。膏澤下于民。有故而去，則君使人導之出疆，又先于其所往（使人先去佈置），去三年不返，然後收其田里（土地、房屋）。此之謂三有禮焉。如此，則爲之服矣。今也爲臣，諫則不行，言則不聽。膏澤不下于民。有故而去，則君搏執之，

又極之（使困處）于其所往，去之日，遂收田里。此之謂寇讎。寇讎，何服之有？」（按孟子之言詞，非常正確，而又非常銳利。非大智大勇如孟子，曷克至此？）

六、孟子出訪梁國（魏國）情況

㈠魏國的歷史背景

1.原來晉國爲周武王之子，成王之弟──唐叔虞之封國。成王與叔虞戲，削桐葉爲珪曰：「以此封汝。」史佚曰：「天子無戲言。」遂封叔虞於唐。唐在河、汾之東，方百里。故曰唐叔虞。其子徙居晉水傍，遂改稱晉侯。晉侯之後裔，殺世子申生之晉獻公之子晉文公（重耳），曾是春秋時期五霸之一。後晉國國內紛爭，韓、趙、魏、智伯、范、中行六卿專政。六卿相互呑併，併爲韓、趙、魏、智伯四卿專政。最後由四卿併爲韓、趙、魏三卿專政。東周天子威烈王賜韓、趙、魏三卿，皆命曰諸侯，叫三晉。原晉侯末代國君靜公，遷爲家人，晉祀絕，國滅，三晉三分其封地。

2.三晉中，惟魏文侯最賢能，虛心下士，當時孔子弟子卜商（子夏），教授於西河，文侯從之受經書。四方賢士魏成、田子方、段干木、李克（悝）、翟璜、田文、任座、西門豹、吳起、樂羊子等，皆濟濟在朝，樂爲之用。李悝務盡地力，開墾荒地，發展農業生產，尤爲富民強國根本所在。強秦屢欲加兵於魏，畏其多賢，爲之寢兵。其中衛人吳起，長於用兵，嘗學於曾子（參），事魯君。齊人攻魯，魯欲將吳起，起娶齊女爲妻，而魯疑之。起欲就功名，竟殺妻以求將。（太殘忍了）將而攻齊，大破齊兵。魯人惡起之爲人刻薄少恩，謝之。起聞魏文侯賢，往事文侯。文侯以爲將，擊秦，拔五城，乃以爲西河守，以拒秦、韓。起爲將，

與士卒最下者同衣食，臥不設席，行不乘騎，親裹贏糧，與士卒分勞苦。卒有病疽者，起爲吮之。文侯卒，武侯立，疑起。起懼得罪，遂去，之楚。楚悼王素聞起名，至則相楚。明法審令，捐不急之官，廢公族疏遠者，以撫養戰鬥之士，旨在強兵。南平百越，北併陳蔡，卻三晉，西伐秦。諸侯患楚之強，楚之貴戚盡欲害吳起。及悼王死，宗室大臣作亂而攻起，起走之王尸而伏之，擊起之徒，因射刺吳起，並中悼王。悼王既葬，太子立，乃令尹（相國）盡誅射起而並中王尸者，坐夷宗族七十餘家。

3. 魏文侯在位三十八年卒。子武侯即位十六年卒。計五十四年後，魏惠王即位，在位三十六年。當是時，惠王與公中緩爭爲太子。韓趙軍伐魏，魏大敗，圍魏君。趙欲除魏君，立公中緩，割地而退。韓主分魏爲兩，使不強於宋、衛，終無魏患。太史公司馬遷曰：「惠王之所以身不死，國不分者，二家之謀不和也。」當年魏國，東有齊，西有秦，南有楚，北有韓、趙、燕。皆勢均力敵。而趙奪去魏之中山（小國國名），引以爲未報之仇。惠王任龐涓爲軍師，練兵訓武，先侵宋、衛諸小國，屢屢得勝。宋、衛、魯、鄭諸國國君，相約聯翩朝魏。魏伐趙，圍邯鄲，趙求救於齊，齊威王使田忌、孫臏帥兵敗魏於桂陵。（見前述。）魏伐韓，齊宣王使田忌、田嬰、孫臏敗魏於馬陵（見前述）；龐涓及魏太子申死之。秦乘魏新敗之際，使商鞅率兵五萬伐魏，取西河之地，盡割於秦。《史記‧楚世家》懷王六年，楚攻魏，破襄陵，取八邑而去。惠王以原都城——安邑，地近於秦，難守，遂遷都大梁（即今之開封）。從此稱魏國爲梁國，稱魏惠王爲梁惠王。（按遷都日期，《史記》列爲惠王三十一年，一說惠王九年。）惠王三十五年，以數敗於軍旅，乃自卑厚幣，以招賢仕。鄒衍、淳于髡及孟子均相繼至梁。

(二)孟子與惠王、襄王談話的主要內容

孟子至梁，是在第一次至齊，經過較長時間後，在第二次至齊之前，於短暫時間內，至梁訪問的。與惠王談話只有五次，惠王三十六年卒，與嗣子襄王談話僅一次。

1.孟子見梁惠王，王曰：「叟！不遠千里而來，亦將有以利吾國乎？」

孟子對曰：「王何必曰利？亦有仁義而已矣。王曰，何以利吾國？大夫曰，何以利吾家？士庶人曰，何以利吾身？上下交征（互相追求）利而國危矣。萬乘之國（擁有兵車一萬乘的國君），弒其君者，必千乘之家。（指當時各諸侯國國內各大夫爭奪政權，而殺害國君的情況而言。）千乘之國（擁有兵車一千乘的小國），弒其君者，必百乘之家。萬取千焉（在一萬乘兵車的國家裡，大夫擁有一千乘兵車），千取百焉，不為不多矣。（指大夫的兵車數量）苟為後義而先利，不奪不饜（不滿足）。未有仁而遺（棄）其親者也，未有義而後其君者也。王亦曰仁義而已，何必曰利？」（按：孟子以仁義說時君，而不以利說時君，正是國君擁有一切權利，「肥甘足于口，輕煖足于體，采色足視于目，聲音足聽于耳，便嬖足使令于前，君王之臣皆足以供之。」（孟子語）而群眾負擔勞役、兵役，負擔國家賦稅，負擔家庭生活、生產的重擔，本身勞力有限，國家不予顧恤和援助，偏向追求「富國強兵」，豈不是舍本逐末，緣木以求魚麼？）

2.孟子見梁惠王，王立於沼上，顧鴻鴈麋鹿，曰：「賢者亦樂此乎？」

孟子對曰：「賢者而後樂此，不賢者雖有此，不樂也。《詩》云：『經始靈台，經之營之，庶民攻之，不日成之。經始勿亟（急），庶民子來（很快就來）。王在靈囿，麀鹿攸伏，麀鹿濯濯

（肥胖而有光澤），白鳥鶴鶴（羽毛潔白）。王在靈沼，於牣魚躍。（滿池的魚，跳躍著。）」文王以民力爲台爲沼，而民歡樂之，謂其台曰靈台，謂其沼曰靈沼，樂其有麋鹿魚鱉。古之人與民偕樂，故能樂也。《湯誓》曰：『時（這個）日（太陽）害（曷——何時）喪（消滅），予及汝偕亡。』（暴桀自比他是太陽，不會有滅亡的。）民欲與之偕亡，雖有台池鳥獸，豈能獨樂哉？」（按：孟子之意，君主要與民同樂）

3.梁惠王問孟子曰：「寡人之于國也，盡心焉耳矣。河內凶，則移其民于河東，移其粟于河內。河東凶亦然。（河內地，指河南所屬黃河北岸地帶。河東地，指山西所屬黃河東岸地帶。）察鄰國之政，無如寡人之用心者。鄰國之民不加少，寡人之民不加多，何也？」

孟子對曰：「王好戰，請以戰喩。塡然（戰鼓鏗鏗）鼓之，兵（兵器）刃既接，棄甲曳兵而走。或百步而後止，或五十步而後止。以五十步百步，則何如？」

曰：「不可。直不百步耳（只不過百步耳）。」

曰：「王如知此，則無望民之多于鄰國也。不違農時，穀不可勝食也。數罟（密網）不入洿池（大池塘，以免撈走小魚苗。）魚鱉不可勝食也。斧斤（斤——亦斧類）以時入山林，（古代：禹之禁，春三月不登斧斤。仲冬斬陽木，仲夏斬陰木。草木零落，然後入山林。木料主要作燃料用。大量砍伐，故有禁令。）材木不可勝用也。穀與魚鱉不可勝食，材木不可勝用，是使民養生喪死無憾也。養生喪死無憾，王道之始也。五畝之宅，樹之以桑，五十者可以衣帛矣。雞豚（小豬）狗彘（大豬）之畜，無失其時（指非大不宰食），七十者可以食肉矣。百畝之田，勿奪其時，（古代戰爭多，兵役、勞役多）數口之家可以無飢矣。謹庠序（

指學校）之教，申之以孝悌之義，頒白者（指老人）不負載于道路矣。七十者衣帛食肉，黎民（庶民、百姓）不飢不寒，然而不王者（以王道統一天下），未之有也。狗彘食人食而不知檢（查究、禁止），塗有餓莩（餓死之人）而不知發（開倉賑濟），人死，則曰，非我也，歲也。是何異于刺人而殺之，曰，非我也，兵也（兵器）。王無罪歲，斯天下之民至焉。」（按孟子並非空談仁義，而尤其著重人民衣食的充分滿足。）

4.孟子對梁惠王曰：「殺人以梃（木棒）與刃，有以異乎？」

曰：「無以異也。」

曰：「以刃與政，有以異乎？」

曰：「無以異也」。

曰：「庖有肥肉，廄有肥馬，民有飢色，野有餓莩，此率獸而食人也。獸相食，且（尚且）人惡之，爲民父母，行政，不免于率獸而食人，惡（何也）在其爲民父母也？仲尼曰：『始作俑者（用來殉葬的木偶、土偶），其無後乎？（會絕代）』爲其像人而用之也。如之何其使斯民飢而死也。」（指執政者應當有人飢己飢，人溺己溺，視民如傷的思想。把人民群眾看得重。否則，只顧自身安樂富貴，直等於以政治吃人。）

5.梁惠王曰：「晉國（即指魏國本身。魏是三晉之一），天下莫強焉，叟知所知也。及寡人之身，東敗于齊，長子死焉。（魏太子申被擒自刎，同時大將龐涓死之。）西喪地于秦七百里。南辱于楚。（均見前述）寡人恥之。願比（替）死者壹洒之。（全部洗雪）如之何則可？」

孟子對曰：「地，方百里而可以王。王如施仁政于民，省刑罰，薄稅斂，深耕易（快速）耨（除草），壯者以暇日修其孝悌忠信，入以事父兄，出以事長上，可使制梃以撻秦楚之堅甲利兵

矣。（兵器）彼奪其民時，使不得耕耨以養其父母。父母凍餓，兄弟妻子離散。彼陷溺其民，王往而征之，夫誰與王敵？故曰：仁者無敵，王請勿疑！」

6.孟子與梁襄王談話內容：

惠王死，襄王即位。孟子見梁襄王，出，語人曰：「望之不似人君，就之而不見所畏焉。猝然問曰：『天下惡乎定？』吾對曰：『定于一。』曰：『孰能一之？』對曰：『不嗜殺人者能一之。』『孰能與（跟從）之？』對曰：『天下莫不與也。王知夫苗乎？七八月之間旱，則苗槁矣。天油然作雲，沛然下雨，則苗浡然興之矣。其如是，孰能禦之？今夫天下之人牧（治理人民的人）未有不嗜殺人者也。如有不嗜殺人者，則天下之民皆引領而望之矣。誠如是也，民歸之，由（猶）水之就下，沛然誰能禦之？』」由於無望在梁國任事，孟子便離開梁國，第二次仍往齊國游說宣王，見前述。

七、孟子訪宋、（薛）、鄒、滕、魯等國情況

訪宋、薛、魯國，都沒有和該各國君主直接見面談話。僅在宋國以餽送路費名義，接受七十鎰。在薛邑（齊威王少子田嬰封地，其子即聞名於世的孟嘗君）以道路不平靖，需購兵器的名義，贈送五十鎰，孟子接受了。

㈠孟子訪宋情況：

1.孟子之高足弟子，與修《孟子七篇》的萬章，問曰：「宋，小國也。今將行王政，齊楚惡而伐之，則如之何？」

孟子曰：「苟行王政，四海之內皆舉首而望之，欲以爲君，齊楚雖大，何畏焉？」

另據《史記·宋微子世家》宋君偃自立爲王，東敗齊，南敗

楚，西敗魏，乃與齊、魏爲敵國。淫於酒色，群臣諫者輒射之。於是諸侯皆曰桀宋。齊湣王與魏、楚伐宋，殺宋王偃，遂滅宋三分其地。（按：偃王在位四十七年。行王政，想係早年之事，晚節不終，故有此殺身滅國之禍。）

2.在宋，孟子勸宋臣戴不勝，多荐用賢士。孟子曰：「子欲子之王之善歟？我明告子。有楚大夫于此，欲其子之（學）齊語也，則使齊人傳諸？使楚人傳諸？」

曰：「使齊人傳之。」

曰：「一齊人傳之，衆楚人咻之，雖日撻求其齊也，不可得矣。引而置之莊嶽之間數年（指齊都城臨淄之莊街、嶽里等鬧市），雖日撻而求其楚，亦不可得矣。子謂薛居州，善士也，使之居于王所。在于王所者，長幼卑尊皆薛居州也，王誰與爲不善？在王所者，長幼卑尊皆非薛居州也，王誰與爲善？一薛居州，獨如宋王何？」

3.孟子與宋大夫戴盈之，談免稅問題。戴盈之曰：「什一，去關、市之征，（稅率十分之一，免除關卡稅和貨物稅）今茲（年）未能，請輕之，以待來年，然後已，何如？」

孟子曰：「今有人日攘其鄰之雞者，（每天偷鄰人一隻雞）或告之曰：『是非君子之道。』曰：『請損之，月攘一雞，以待來年，然後已。』如知其非義，斯速已矣，何待來年？（按孟子最憎恨加重一般平民百姓的負擔。）

㈡孟子訪鄒國情況：

鄒與魯鬨（交戰）。鄒穆公問孟子曰：「吾有司死者三十三人，而民莫之死也。誅之，則不可勝誅，不誅，則疾視其長上之死而不救，如之何則可也？」

孟子對曰：「凶年饑歲，君之民老弱轉乎溝壑，壯者散而之

四方者，幾（近）千人矣。而君之倉廩實，府庫充，有司莫以告，是上慢而殘下也。曾子（參）曰：『戒之，戒之！出乎爾者，反乎爾者也。』夫民今而後得反之也。君無尤焉！（責備）君行仁政，斯民親其上，死其長矣。」

　　㈢孟子訪滕國情況：

　　　1.滕文公爲世子（即太子），將之楚，過宋而見孟子。孟子道性善，言必稱堯舜。世子自楚返，復見孟子。孟子曰：「世子疑吾言乎？夫道，一而已矣。（即仁義禮智信）」孟子舉例補充告訴世子說：齊之勇臣成覸對齊景公說過：「彼，丈夫也，我，丈夫也，吾何畏彼哉？」顏淵曰：「舜，何人也？予，何人也？有爲者亦若是。」曾子弟子公明儀曰：「文王，我師也，周公豈欺我哉？」今滕，絕長補短，將五十里也，猶可以爲善國。《書》曰：「若藥不瞑眩，厥疾不瘳。」（指藥攻人疾，先使瞑眩，乃得痊愈）（按：在「繼世以有天下」的社會裡，孟子對世子寄予很大的希望，鼓勵他能遵循他的學說，治理好國家。）

　　　2.滕定公薨，世子（即滕文公）謂世子之傅然友曰：「昔者孟子嘗與我言于宋，于心終不忘。今也不幸至于大故（即指父喪），吾欲使子問于孟子，然後行事。」

　　然友之鄒，問於孟子。

　　孟子曰：「不亦善乎！親喪，固所盡其極也。曾子曰：『生，事之以禮，死，葬之以禮，祭之以禮，可謂孝矣。』諸侯之禮，吾未之學者。雖然，吾嘗聞之矣。三年之喪，齊疏之服（穿粗布緝邊的孝服），飦粥之食（吃濃或稀的粥），自天子達于庶人，三代（夏、商、周）共之。」

　　然友返命，定爲三年之喪。父兄百官皆不欲，曰：「吾宗國魯先君莫之行，吾先君亦莫之行也，至于子之身而反之，不可。

且《志》曰：『喪祭從先祖。』曰：『吾有所受之也。』（有所繼承傳統的根據了）」

（世子）謂然友曰：「吾他日未嘗學問，好馳馬試劍。今也父兄百官不我足也，恐其不能盡于大事，子爲我問孟子！」

然友復之鄒問孟子。

孟子曰：「然，不可以他求者也。孔子曰：『君薨，聽于冢宰（把政務交給宰相去辦），歠粥（喝粥），面深墨（黑），即位（就孝子之位）而哭，百官有司莫敢不哀，先之也。』（世子帶頭致哀）上有好者，下必有甚焉者矣。君子之德，風也，小人之德，草也。草上之風，必偃。是在世子。」

然友返命。

世子曰：「然，是誠在我。」

五月居廬（居喪屋中五個月），未有命戒（沒有頒佈禁令）。百官族人可，謂曰智（說合符情理）及至葬，四方來觀之，顏色之戚，哭泣之哀，弔者大悅。（按：吊者大悅，寫在孟子書中，則孟子對遵循古制，實行三年之喪，則有極大的靈活性，一切仍以順從民意，便利群衆爲主。）

3.滕文公問爲國。

孟子曰：「民事不可緩也。民之爲道，有恒產者有恒心，無恒產者無恒心。苟無恒心，放辟邪侈，無不爲己。」因此他一如既往提出爲民制產的主張。並告訴滕文公：夏后氏每戶：農田五十畝，殷人七十畝，周人百畝。田稅皆什一。取民有制，並引春秋時期魯國季氏家宰陽虎的話說：「爲富不仁矣，爲仁不富矣。」（意指不要搞富國，而要搞富民）設爲庠序學校以教之，皆所以明人倫也。人倫明於上，小民親於下。有王者起，必來取法，是爲王者師也。（孟子勉勵文公，做出樣板，爲後來行王政的國君，

可以前來取法。）

滕文公使大臣畢戰問井田制。

孟子曰：「方里而井，井九百畝，其中爲公田。八家皆私百畝，同養公田。公事畢，然後敢治私事。此其大略也，若夫潤澤之，則在君與子矣。」按戰國時期，距西周七百多年，距商一千二百多年，實行井田制助耕公田，違反自然人的第一人性。第一人性代表生產力，最爲活躍，它是推動生產，發展經濟的動力。國內大陸實行農業合作化，徹底失敗，就是一個鐵板明證。孟子只是爲了減少農民負擔，故有此設想，不能看作事實。古籍中沒有井田制的記載。至於三代分田逐漸加多，由五〇──七〇──一〇〇畝，這是由於土地開發，逐漸產生的結果。與孟子同時期的商鞅變法：凡郊外曠土，非車馬必由之路及田間阡陌，責令附近居民開墾成田。按畝科稅，不用原來老額分田什一課稅。原老額周人每戶百畝。事實上都有墾荒而擴大面積。此時商鞅在秦國重新根據實際田畝進行收稅。早在春秋時期魯哀公階段，已經實行「初稅畝」。同時劃井田，亦非易爲之事。每戶分田百畝，劃定界限，卻很容易。

4.滕國爲小國，位於大國齊楚之間，常受大國侵略的威脅，對此，滕文公有三問，孟子也有三答。但總起來就是只有一個。

孟子對曰：「昔者太王（即古公亶父，爲周文王之祖父）居邠，狄人侵之。事之以皮幣（皮裘、絲綢），不得免焉。事之以犬馬（好狗、好馬），不得免焉。事之以珠玉（珍珠、寶玉），不得免焉。乃屬其耆老而告之曰：『狄人之所欲者，吾土地也。吾聞之也：君子不以其所以養人者（指土地）害人，二三子何患乎無君？我將去之。』去邠，踰梁山，邑于岐山之下居焉。邠人曰：『仁人也，不可失也。』從之者如歸市。（如同趕集市）或

曰：『世守也，非身（本人）之所能爲也。』（非本人可以作主）」

孟子補充說：「鑿斯池（護城溝），築斯城，與民守之，效死勿去。君請擇于斯二者。」居今而言，自身應行王政，誓死抵抗。國際社會應加強聯合國作用，給以正義支援。

㈣**孟子訪魯國情況：**

魯平公將出，嬖人（寵幸小臣）臧倉者請曰：「他日君出，則必命有司所之。今乘輿已駕矣，有司未知所之，敢請。」

公曰：「將見孟子。」

曰：「何哉，君所爲輕身以先于匹夫者？（普通人）以爲賢乎？禮義由賢者出，而孟子後喪（指母喪）踰前喪（父喪）。君無見焉？」

公曰：「諾。」

（孟子弟子）樂正子入見（平公）曰：「君奚爲不見孟軻也？」（按：此時魯欲使樂正子爲政，孟子聞之，喜而不寐。因「樂正子其爲人也，好善。」（孟子語））

（平公）曰：「或告寡人曰：孟子之後喪踰前喪！是以不往見。」

（樂正子）曰：「何哉，君所謂踰者，前以士，後以大夫（按：後葬時，孟子任齊客卿），前以三鼎（古代祭祀時用來盛祭牲物品之器皿），而後以五鼎歟？」

（平公）曰：「否，謂棺椁衣衾之美也。」

（樂正子）曰：「非所謂踰也，貧富不同也。」

樂正子見孟子，曰：「克（樂正子之名字）告于君，君爲來見也。嬖人有臧倉者阻君，君是以不果也。」

（孟子）曰：「行，或使之。止，或尼（止）之。行止，非人所能也。吾之不遇魯侯，天也。臧氏之子焉能使予不遇哉？」

　　（按：魯平公實則沒有決心接納賢者。乃庸俗之君，不足以
言治國平天下。魯爲周公之封國，周公在世，一飯三吐哺，一沐
三握髮，以待天下賢士。使平公欲平治國家，豈一嬖臣之諫阻，
即不接見孟子乎？孟子所謂「天也。」實則國家政權私有制，「
繼世以有天下」，所產生的種種弊害，一時無法解決，乃歸之於
天，魯自平公、文公、頃公以後六十七年，便滅於楚，魯祀絕。）

八、司馬遷對孔孟及其學說的評價

　　㈠司馬遷的評價有正確的一面。

　　司馬遷肯定「利，誠亂之始，禍之源。」並對孔孟對待「利」
的弊害應予以防範和約束，加以贊賞，這是正確的。孔子布衣，
司馬遷卻列爲《世家》，與齊太公，魯周公，燕召公並列，視同
諸侯國君的同等地位。孟子爲城市平民卻爲孟子立傳，垂文後世，
可謂推崇備至矣。司馬遷在《史記·孟子荀卿列傳》中說：「余
讀《孟子書》，至梁惠王問：『何以利吾國？』未嘗不廢書而歎
也。曰：嗟乎，利誠亂之始也，夫子（孔子）罕言利者，常防其
原（源）也。故曰：『放于利而行，多怨。』（《論語·里仁》）
自天子至于庶人，好利之弊何以異哉！」

　　㈡司馬遷的評價有補充的一面。

　　「利」又是推動生產，提高和改善生活，促進社會經濟繁榮，
促進人類物質文明不斷提高的原動力，在司馬遷那裡也得到補充，
同時這種補充也是正確的。這與國父孫中山先生：社會發展是民
生史觀，和當代學者陳立夫先生：社會發展是唯生論也是一致的。
司馬遷《史記·貨殖列傳》：夫神農以前，吾不知已。至若《詩》、
《書》所述虞（舜）夏以來，（約二千年）耳目欲極聲色之好，
口欲窮芻（吃草的牛羊），豢（吃糧食的豬狗）之味，身安逸樂，

而心誇矜（誇耀）勢能（勢利、才能）之榮。使俗（風俗）之漸民（浸透人心）久矣。夫山西饒材、竹、穀（指樹木名，皮可造紙）、纑（苧麻）、旄（旄牛尾，裝飾用）、玉石。山東多魚、鹽、漆、絲、聲色（好看好聽之物）。江南出楠、梓、薑、桂、金、錫、連（鉛）、丹砂、犀（犀牛角，解熱藥材）、玳瑁、珠璣、齒革（象牙、皮革）。龍門、碣石北，多馬、牛、羊、旃（毡）裘（皮衣）、筋角（製弓用）。銅、鐵則千里山出棋置（佈）。皆中國人民所喜好，妖（雅）俗被服、飲食、養生、送死之具也。故待農（生產）而食之，虞（開發山林資源的人）而出之，工而成之，商而通人。此寧有政（政治）教（教令）發徵（徵發）期（定期）會（集會）哉？人各任其能，竭其力，以得所欲。故物賤之徵，貴，貴之徵，賤，各勸其業，樂其事，若水之趨下，日夜無休時，不召而自來，不求而民出之。豈非道（客觀規律）之所符（符合），而自然之驗耶？農、工、商、虞，此四者，民所衣食之源也。源大則饒，源小則鮮（少）。上則富國，下則富家。貧富之道，莫之予奪。（致富自由，不予不奪，靠各自努力）而巧者有餘，拙者不足。太公望封於營丘（山東臨淄），地瀉鹵（鹽鹹地），人民寡。太公勸女功，極技巧，通魚鹽，則人、物歸之。（歸聚）故齊冠（帽子）帶（帶子）衣（衣服）履（鞋）天下。（銷售到各地）。海岱（東海、泰山）之間（指兩地之間的人民），斂袂（整裝）而往朝焉。其後中衰，管子修之，設財幣之官，桓公以霸。管氏位在陪臣，富於列國之君。是以齊富強至於威、宣。故曰：「天下熙熙，皆爲利來，天下攘攘，皆爲利往。」夫千乘（擁有千乘兵車）之王，萬家（戶）之侯，百室（家）之君（大夫），尚猶患貧，而況匹夫編戶（編入戶籍）之民乎？

范蠡既雪會稽之恥，乃乘扁舟，浮於江湖，變名易姓，之陶

（定陶）爲朱公，治產積貯，與時逐利，十九年之中，三致千金，再分散貧疏昆弟，此所謂富，好行其德者也。後衰老，子孫修其業而息利之，遂至巨萬。故言富者皆稱陶朱公。七十子之徒，端木賜（子貢）最爲富饒。結駟連騎，束帛幣以聘諸侯，所至，國君無不分庭，與之抗禮。白圭，周人，樂觀時變，人棄我取，人取我與。歲熟取穀，予之絲漆，繭出取帛絮，予之食糧。欲長錢，取下穀(取穀價賤時)。長石斗，取上種(取良種)。薄飲食，忍嗜欲，節衣服，與用事僮僕同苦樂，趨時若猛獸摯鳥之發。曰：「吾治生產，猶伊尹、呂尙之謀，孫、吳用兵，商鞅行法是也。」蓋天下言治生，祖白圭。猗頓用鹽（音古）鹽起。（不煉之鹽，日暴之五六日，即成。）一說猗頓，魯之窮士，耕則常飢，桑則常寒。聞朱公富，往而問術焉。朱公告之曰：「子欲速富，當畜五牸。（雌性牲畜）」於是乃適西河，大畜牛羊於猗氏之南，十年間，其息不可計，貲擬王公，馳名天下。以興富於猗氏，故曰猗頓。邯鄲郭縱以鐵冶成業，與王者埒富。烏氏倮畜牧，及衆，斥賣，求奇繪物，私獻戎王，戎王什倍其償，與之畜，畜至用谷（山谷）量馬牛。秦始皇帝令倮比封君，以時與列臣朝請。巴蜀寡婦清，其先得丹穴（朱砂礦，可製水銀。），而擅其利數世，家亦不訾。秦皇帝以爲貞婦而客之，爲築女懷清台。禮抗萬乘，名顯天下，豈非皆以富耶？由此觀之，富者，人之情性，所不學而俱欲者也。壯士在軍，攻城先登，陷陣卻敵，斬將搴旗，前蒙矢石，不避湯火之難者，爲重賞使也。趙女鄭姬，設形容，揳鳴琴，揄長袂，躡利屣，（舞靴）目挑心招，出不遠千里，不擇老少者，奔富厚也。弋射漁獵，犯晨夜，馳阬谷，不避猛獸之害，爲得味也。醫方諸食技術之人，焦神極能，爲重糈也。（精米）農工商賈畜（畜牧）長（種植）固求富益貨也。此有智盡能索耳，

終不遺餘力而攘財矣。由於孔子罕言利，司馬遷爲之詳述，便有補充的一面。

㈢司馬遷的評價有偏差的一面。

「利」誠亂之始，禍之源。然而「利」又是生活之本，生命之根。二者都爲司馬遷所肯定。而司馬遷所未肯定的：正是孔孟仁義學說：制禍亂之源，保生命之根。司馬遷未能普遍聯繫看待問題，以致對孔孟的看法有所偏差。他說：「孟軻，騶人也。受業子思之門人。道既通，游事齊宣王，宣王不能用。適梁，梁惠王不果所言，則見以爲迂遠而闊于事情。當是之時，秦用商君（商鞅），富國強兵。楚魏用吳起，戰勝弱敵。齊威王、宣王用孫子、田忌之徒，而諸侯東面朝齊。天下方務于合從連橫，以攻伐爲賢，而孟軻乃述唐（堯）、虞（舜）、三伐（夏、商、周）之德，是以所如（往）者不合。退而與萬章之徒，序《詩》《書》，述仲尼之意，作《孟子七篇》。齊有三騶子（騶忌、騶衍、騶奭），其前騶忌，以鼓琴於威王，因及國政，封爲成侯而受相印，先孟子。其次騶衍，後孟子。作《終始》、《大聖》、《主運》之篇十餘萬言。其語閎大不經，王公大人初見其術，莫不懼然駐想，已而留顧化解，欲從其術。是以衍重於齊。適梁，惠王郊迎，執賓主之禮。適趙，平原君側行撇（拂）席。（平原加趙勝，趙之諸公子。諸子中勝最賢，喜賓客，賓客蓋至數千人。相趙，三去相，三復位。是時齊有孟嘗，魏有信陵，楚有春申，爭相傾以待士。）如燕，昭王擁彗（掃帚）先驅，（恐塵埃及於長者）列弟子之座而受業，築碣石宮，親往師之。其游說諸侯，見尊禮如此，豈與仲尼菜色陳、蔡，孟軻困於齊、梁同乎哉！故武王以仁義伐紂而王，伯夷餓不食周粟。衛靈公問陣（作戰陣勢），而孔子不答。梁惠王謀欲攻趙，（應爲滕文公懼齊、楚大國之侵犯，問孟

子謀劃。）孟軻稱太王去邠。此豈有意（不）阿世俗苟合而已哉？
持方柄（方筍）欲納圓鑿（圓孔），其能入乎？或曰：伊尹負鼎
（割烹做廚師）而勉湯以王，（孟子已辯證，並非實事）（見《
孟子・萬章上》）百里奚飯牛車下而繆公用霸（仝上注），作先
合，然後引之大道，騶衍其言雖不軌，儻亦有牛、鼎之意乎？（
指衍效法百里奚、伊尹的作法。《史記・索隱》解釋有誤。）按：
孔子「謀道不謀食」「憂道不憂貧」。孟子「非堯舜之道，不敢
陳于王者之前。」

　　各諸侯國國君行霸道，富國強兵，爲己，爲子孫，爲國家政
權私有制，永遠保存。孔子、孟子行王道，人溺己溺，人飢己飢，
視民如傷。孔子有私心，他的私心是：「君子疾沒世而名不稱焉。」
名不稱指的是他的政治理想沒有實現，他的學說沒有親身見到施
行。孟子有私心，他的私心是：「天如欲平治天下，當今之世，
舍我其誰哉？」舍我其誰就是能夠看到和做到他的政治理想得到
實現，他的仁義學說能夠由自己親手施行。蘇秦、張儀、公孫衍
之徒，是說客、政客，「以順爲正」，旨在圖倖個人功名富貴，
誇耀於人。三者之區別在此。從二千五百年之後，看二千五百年
前之人和事，孰是？孰非？不言而喻，不辯自明。司馬遷沒有普
遍聯繫去看待問題，因此對孔孟的看法有所偏差。

肆、孔子、孟子的哲學思想

一、什麼是孔孟的哲學思想？產生的思想根源在哪裡？

要回答這個問題，需從人的本質談起。

㈠作為自然人，人的本質就是動物。只不過人為萬物之靈，人有一個最精靈、最巧妙的頭腦。這個精巧的頭腦它能夠認識世界，改造世界，主宰世界，為人求生、謀生的目的而服務。人的求生、謀生的技巧，和求生、謀生的門路，也是登峰造極，永無止境，也不可能限制。國父孫中山先生說：社會發展是民生史觀。現代學者陳立夫先生說：社會發展是唯生論，這完全正確。馬列文獻說社會發展是歷史唯物主義，是階級鬥爭。這只是指出社會發展中的病態，而不是它的正常健康狀態。馬列文獻，搞階級鬥爭，引向土地革命戰爭，實行耕者有其田，滿足農民對土地的迫切需求，適合農民的第一人性，受到農民的堅強的擁護，贏得了勝利，贏得了政權。但戰爭的本身，仍然破壞了社會經濟，破壞了社會秩序，犧牲了許多生產力。只有在戰爭過後，恢復了生產，才激發出經濟復甦，社會繁榮，和農民生活的改善。因此實現土地改革，用和平方式比用暴力或用戰爭方式要好要強。同樣馬列文獻，搞階級鬥爭，引向農業合作化，由於違反了農民的第一人性，則徹底失敗。引向工業、商業全民所有制，由於違反了工人的第一人性，則虧損多，貪污腐敗現象嚴重。導致蘇聯邦解體，

東歐、中歐、亞洲蒙古紛紛改制。原因所在：就是集體或國營生
產，束縛和桎梏了工人、農人的生產力。而不是解放工人、農民
的生產力。

（二）作為自然人，人，**需要吃喝穿住，需要兩性生活**。孔子：
「飲食、男女，人之大欲存焉。富與貴是人之所欲也。」孟子：
「食、色，性也。美色、富、貴，人之所欲。人孰不欲富貴？」
荀子：「好利惡害，禹、桀之所同。」司馬遷：「天下熙熙，皆
爲利來，天下攘攘，皆爲利往。」《詩經》：「關關雎鳩，在河
之洲。窈窕淑女，君子好逑。桃之夭夭，灼灼其華。之子于歸，
宜其室家。山有榛，隰有苓。云誰之思？西方美人。靜女其姝，
俟我于城隅。愛而不見，搔首踟躕。」馬列文獻：貪欲是文明時
代，從它存在的第一天起，直到今天的動力。財富，財富，第三
還是財富，單個的、個人的財富，就是文明時代，唯一的、具有
決定意義的目的。又說生產本身有兩種：一是生活資料即食物、
衣服、住房以及爲此所必需的工具的生產。另一種是人類自身的
生產，即種的蕃衍。（按馬列學說，不承認有人性，只承認階級
性。種的蕃衍，是生殖器官的需求，而不是人性的需求。種的蕃
衍不帶個人感情色彩。正是如此，學說本身違反了第一人性，所
以時至今天，便顯得難以站住腳了。）由於追逐財富，追求美色，
追求權力，發展到極致，沒有仁的第二人性的約束，必然產生禍
害和動亂。中國歷史五千年，腥風血雨，幾乎都是鮮血寫成的。
孔子：季康子患盜，問于孔子。季氏伐顓臾。公山弗狃以費叛。
佛肸以中牟叛。已幾乎，吾未見好德如好色者也。（指衛靈公好
色）孟子：楊子取爲我，拔一毛以利天下而不爲也。雞鳴而起，
孳孳爲利者，跖之徒也。（司馬遷：盜跖日殺不辜，肝人之肉，
暴戾恣睢，聚黨數千人，橫行天下。《史記·伯夷列傳》）孔子、

孟子對搞「富國強兵」的人，進行嚴厲譴責：「求也（冉求孔子弟子）爲季氏宰，無能改于其德，而賦粟倍他日。孔子曰：求非我徒也，小子鳴鼓而攻之可也！」由此觀之，君，不行仁政而富之，皆棄於孔子者也。況於爲之強哉（指強兵）？爭地以戰，殺人盈野。爭城以戰，殺人盈城。此所謂率土地而食人肉，（指爲爭土地，不惜人民流血。）罪不容死。故善戰者服上刑（指魏之龐涓、秦之商鞅之類），連諸侯者次之（指蘇秦倡合縱以擯秦之策士），闢草萊、任土地者次之。（指闢土地，充府庫之人和事，並非爲民多制產，發展農業。）春秋五霸，戰國七雄，都是以流人民的血，戰勝他國而稱霸稱雄的。所以孟子說：「五霸者，三王（夏、商、周）之罪人也。」

(三)事物總是一分爲二。譬如說：失敗爲成功之母。譬如說：禍兮福所倚，福兮禍所伏（《老子‧道德經五十八章》）。譬如說：上下、左右、父子、兄弟都是成對而對稱。作爲人的本質，既係自然人，又是社會人。自然人需要吃喝穿住，社會人需要仁、義、禮、智、信。沒有吃喝穿住，人會死。沒有仁、義、禮、智、信，人不能立足於社會。吃喝穿住（包括兩性生活），是人的第一人性。不學而會，弗學而能（孔子），勢力最強大，基因最活躍。在兩種人性力量對比中，第一人性，應居首位。仁、義、禮、智、信是人的第二人性。是家庭教育，社會教育，學校教育，乃至正反兩方面的自我教育，從小到大，逐漸教養培植而成。由於兩種人性力量對比中，第二人性常常受到第一人性的擠壓、排斥，甚至遭到淹沒、陷溺，以致於消亡殆盡。而家庭教育，社會教育，學校教育，以及自我教育的本身，又有許多許多正反兩方面的有利因素和不利因素，使之第二人性的培養、達成，更加複雜化，和它的長期性。反覆曲折，蓋棺論定，至死方休。可以說孔孟學

說是紮根於人的本質之內，生長於每一個人的思想這個活生生的根源之中。每一個人都可以爲孔孟學說作見證。

　　㈣事物永遠是一個運動的過程，是一個不斷發展變化的過程。一個事物的本身，存在兩個對立面，相互聯繫，又相互排斥。一事物與許許多多的他事物，又是普遍聯繫，又相互排斥。決不能從靜止狀態和從孤立狀態去看待事物。沒有第一人性，人的吃喝穿住，從何而來？生產發展，經濟繁榮，人類物質文明，不斷升高，如此種種，沒有第一人性，又從何而至？沒有第二人性，彼此爭奪相殺，你詐我虞，人類社會成了動物世界，而不是「共生、共存、共進化」的文明社會。（陳立夫先生語）造成第一人性與第二人性的分裂，就是犯罪，如果見之於行動，對他人就產生傷害，對社會就產生災難。只有發大力氣，經常保持第一人性與第二人性的統一，同一，一致，使二者趨向於中庸狀態，才是個人的幸福，也是社會的幸福。第一人性在運動，第二人性對第一人性的制衡力量也在升高。只有既不挫傷第一人性謀生的積極性，又防止了第一人性中的惡性膨脹。不偏不倚，無過與不及，恰到好處，才算是孔孟學說擔當的全球和全社會的時代任務。它要落實到每一個人的身上。《論語·泰伯》曾子曰：「士不可以不弘毅，任重而道遠。仁以爲己任，不亦重乎？死而後已，不亦遠乎？」要落實和實現孔孟學說，沒有民主政治辦不到，沒有自由經濟也辦不到。自由經濟、民主政治，沒有孔孟的哲學思想，不灌輸和傳播孔孟的哲學思想，也將成爲一盤散沙，不會出現熱氣騰騰，蓬勃生氣洋溢的君子世界。生產緊張，競爭激烈，而內心充滿歡快和喜悅。一切在自我約制和法制範圍內進行。沒有特權集團。沒有黑手黨。沒有官僚和政客。沒有人搞恐怖活動。人人優哉游哉，揚眉吐氣。

㈤孔子：「苟志于仁矣，無惡也。」

惡是第一人性中的消極因素，隨時隨地，都處在運動當中，處在發展變化當中。人能立志發展第二人性的仁，就有可能隨時隨地控馭第一人性中的邪惡面的發展，使之人的謀生在正確道路上發展，不致產生危害他人，危害社會的犯罪行為。這種相互制約，相互促進，對個人有利，對社會有利。可是這種健康的中庸狀態的出現，不是說得好聽，而是要切切實實做得好看，使人看得見的是人的才幹和智慧，而不是為非作歹，弄虛作假。這種健康的中庸狀態的產生，是經過隨時隨地的一番奮鬥努力，經過一番反覆曲折的長時間的運動過程。就是曾子的話說：「仁以為己任，不亦重乎？死而後已，不亦遠乎？」以每個個人來說，仁的德性的發展，是一個終身任務，不到死亡，不可能宣告結束。晚節終與不終，要待蓋棺而後論定。當然人要完人，金要足赤，這也是辦不到的。《大學》小人閑居為不善，無所不至，見君子而後厭然，掩其不善而著其善，人之視己，如見其肺肝然，則何益矣！此所謂誠于中，形于外，故君子必慎其獨。曾子曰：「十目所視，十手所指，其嚴乎？」又是孔子大學問家說得好：「不為已甚。既往不咎。過則勿憚改。過而不改，是為過矣。」從某種意義上說，人又是從改正錯誤當中而發展仁的德性的。所以孔子又著重「為政以德」。並不以「攻伐為賢」（司馬遷對縱橫家而言）。

孔子：顏淵問仁。子曰：「克己復禮為仁。為仁由己，而由人乎哉？仁，遠乎哉？我欲仁，斯仁至矣。」

「為己」是人的第一人性。俗語說：「人不為己，天誅地滅。」這只說中人的本質的一半和一個方面。卻沒有說中，人的第二個人性——仁的德性。也應當說：「人不為人，天誅地滅。」它是

一個統一體，兩個方面。一對矛盾，兩個又聯繫又相排斥的兩種因素。二者互爲存在的條件。天下沒有第一人性的人，是沒有的，那就是死人，而不是活人。天下沒有第二人性的人，那也不是人，而是畜牲，而是禽獸，是野物。假若沒有第二人性的人，即使是人，那也難存在於社會，相處於家庭之中。只有照孔子回答高足弟子顏淵的話：「克己復禮」才是眞理，才是每一個人，應走的共同道路。這樣做，你也不會損失什麼，只不過要打消邪惡的念頭，莫做損害他人，危害社會的事。「爲己」當中，應包含有「爲人」的因素，二者又對立，又統一、同一、一致，才是正確方向和應走的正確的道路。樊遲問仁。孔子曰：「仁者先難而後獲，可謂仁矣。」大概「克己」總有難處，需要克制自己隨心所欲的邪惡意圖和作爲。所以說：「爲仁由己，而由人乎哉？」「仁，遠乎哉！我欲仁，斯仁至矣。」所謂「後獲」是指講仁德的人，不會沒有好的回報。犯罪、犯錯誤的人，總是發生於第一人性。因此，對第一人性的克制，豈可忽視麼？「復禮」，孔子「禮之實爲義」，孔子列舉十義：父慈、子孝、兄良、弟悌、夫義、婦聽、長惠、幼順、君仁、臣忠。（《禮運》）使人人都能按照十義所規範的思想行爲準則，來處理人際關係，從而社會得到安定和團結。這一目標的實現，都是一個又對立，又統一的運動過程，它的時間及於人的終身，死而後已。

孟子以比喻的方式，說明第一人性，即世人所謂：「人欲」，常常壓制、摧殘第二人性，即仁義之心，以見其對第二人性之培養，操持之刻不容緩。再對第二人性的培養，也要專心致志。孟子對第二人性，舍之，棄之，更爲痛惜。

孟子曰：「牛山（在齊國都城臨淄南郊十里）之木嘗美矣，以其郊于大國也，斧斤伐之，可以爲美乎？是其日夜之所息，雨

露之所潤，非無萌蘗（嫩芽）之生焉，牛羊又從而牧之，是以若彼濯濯也（光禿禿）。人見其濯濯也，以爲未嘗有材焉，此豈山之性也哉？雖存乎人者，豈無仁義之心哉？其所以放（放棄）其良心者（即指仁義之心），亦猶斧斤之于木也，旦旦而伐之，可以爲美乎？其日夜之所息，（指日裡、夜裡人欲有停息之時）平旦之氣（天剛亮時人之清淡無欲的氣息），其好惡（好壞）與人相近也者幾希，（人──指一般有仁德之人；幾希──相距不遠）則其旦晝（白天）之所爲，有梏亡之矣（窒息消滅）。梏之反覆，則其夜氣（即指仁義之心）不足以存。夜氣不足以存，則其違禽獸不遠矣。人見其禽獸也，而以爲未嘗有才（仁義之心）焉者，是豈人之情也哉？故苟得其養，無物不長。苟失其養，無物不消。孔子曰：『操則存，舍則亡。出入無時，莫知其嚮。』惟心（指仁義之心）之謂歟？」

孟子第二例，對仁德的培養，也要專心致志。

孟子曰：「無惑乎王（齊宣王）之不智也。雖有天下易生之物也，一日暴之（曝晒），十日寒（冷卻）之，未有能生者也。今夫弈（下棋）之爲數（技），小數也。不專心致志，則不得也。弈秋，通國之善弈者也。使弈秋誨二人弈，其一人專心致志，惟弈秋之爲聽。一人雖聽之，一心以爲有鴻鵠（天鵝）將至，思援弓繳而射之，（繳──帶絲線的箭）雖與之俱學，弗若之矣。爲是其智弗若歟？曰：非然也。」（是不能夠專心致志的緣故。）

孟子第三例，對仁義之心，舍之，棄之，深爲歎惜。

孟子曰：「仁，人心也。義，人路也。舍其路而弗由，放（放棄）其心而不知求，哀哉！人有雞犬放，則知求之。有放心而不知求。」

㈥為了便於掌握，把社會人必然產生的人性，概括為一個「

仁」字，「善」字，又叫第二人性。

　　爲了便於掌握，把自然人必然產生的人性，概括爲「不仁」
兩個字，概括爲一個「惡」字，又叫第一人性。更爲清醒明朗的
概括爲「私有制」三個字。這樣把求生的合理性與不合理性全都
包括進去了。

　　善與惡，仁與不仁，公與私，社會與個人，充分顯示出一對
矛盾、兩個方面，又統一，又對立。又對立，又統一的矛盾運動
的長期過程。二者互爲存在的條件。又相互聯繫，又互相排斥。
它的長期性，以個人來說，死而後已。以社會來說，國家政權私
有制，要等到民主政治的產生，五千年的中國，才有一個眞正的
「新中國」的出現。就某一個社會現象來說，夏王朝，要等到湯
放桀，商王朝要等到武王伐紂，這一對社會矛盾，才告終結。對
立面的鬥爭是絕對的、無條件的。對立面的統一是暫時的、易逝
的、有條件的。統一表現爲量變中的靜止性。矛盾著的兩個方面
的鬥爭，所表現的最後結局，呈現出量變的中斷，轉化的爆炸性
的質變。這樣的例子，自然界和社會中太多了，不勝枚舉。

　　㈦在《禮記・禮運》篇中，孔子提出以禮治國。又說「禮之
實爲義」，提出「十義」。「義之本爲仁。」最後仍歸結爲一個
「仁」字。所以以一個「仁」字來統轄人的第二人性，是有道理
的。仁性爲什麼居於第二位。這是第一人性勢力強大，在通常情
況下，它總是居主導和領先的地位，正因如此，所以孔孟著重仁，
著重仁義。並以仁，以仁義，作爲他學說的名稱。在《論語》中，
「仁」字出現一〇五次。《論語・子罕》子罕言利與命與仁。一
〇五次，豈罕言乎？《禮記・表記》君子于有喪者之側，不能賻
焉，則不問其所費。于有病者之側，不能饋焉，則不問其所欲。
其客不能館，則不問其所舍。君子問人之寒，則衣之。問人之飢，

則食之。稱人之美，則爵之。子曰：「口惠而實不至，怨菑（災）及其身。」子罕言仁者，口惠而實不至之類也。孔子言仁一〇五次者，學術上之研討也。

㈧關於第二人性的仁字，由於身份、社會、政治地位的不同，有許多名稱，猶如每一個人有奶名，學名，譜名，有表字。仁，仁義，仁義禮智，仁義禮智信。四維——禮義廉恥。八德——忠孝仁愛信義和平。仁愛，博愛。樂善好施。講信修睦。選賢與能。賢賢易（輕視）色。大道之行，天下為公。善心，良心，仁心。尊老慈幼。己立立人，己達達人。人溺己溺，人飢己飢，視民如傷。無私奉獻。堯舜之道。博施於民而能濟衆。忠信，忠恕。己所不欲，勿施于人。為政以德，為政愛人。制民之產。辭讓。敬，惠。溫、良、恭、儉、讓。自由、平等、正義、和平、友誼。凡是人類人際關係中，所表現出的高尚品質，都屬於仁或仁的延伸，最終都與「仁」字，得到貫通。

關於第一人性的「不仁」、「惡」、「私有制」也有許多各自類別的名稱。求生，謀生。追求幸福美滿的生活。要求不斷改善和提高生活。創造發明。財產所有權。智識產權。名譽地位。吃喝穿住。飲食男女，食色性也。男女愛情的傾慕。戀愛、性愛。財富。富貴。美色，好色。好利惡害。貪慾。亂搞男女關係，婚外情，性騷擾，桃色案。貪污醜聞。黑手黨，暴力犯罪，恐怖主義。勾心鬥角，權力鬥爭，以權謀私。監守自盜。強姦。搶劫、弄竊。行賄受賄。爭奪相殺。鬥毆。阿諛逢迎。言不由衷，弄虛作假。官僚作風。作威作福。自私自利，損人利己，損公利己。幫派活動。詐騙。綁架。拐騙婦女兒童。走私販毒。稱霸稱雄。國家政權私有制。君主專政。黨魁專政。一黨專政。假民主。壓制輿論。打擊報復。禁錮善類。其中合理的，就是兩種人性的統

一。其中不合理的，就是兩種人性的分裂。犯罪的思想和行爲，總是由第一人性中而來。第二人性（仁）總不會犯罪的。

㈨不能把孔孟學說，只要宣傳仁義，做仁德的教育工作就了事。它是具體而微，極其艱巨複雜。只有實行民主政治，才能得到充分而圓滿的實現。孔孟就是吃虧在國家政權私有制這個根本問題上。所以孔孟一生是一個歷史悲劇。關於這個根本核心問題，韓愈卻看得十分清醒，十分透徹。他在《原道》一文中說：「由周公而上（指堯、舜、禹、湯、文、武、周公、孔子、孟子），上而爲君，故其事行（指仁義道德這個傳統，簡言爲「道統」容易推行）。由周公而下，下而爲臣，故其說長。（按孔子離魯十四年，游說十八個國家和地區，不見採納。孟子游說齊威王，威王餽兼金百鎰，卻根本未與孟子見面交談。孟子游事宣王，任爲客卿，議而不治國政。）

㈩關於人性問題。孔子的言論：性相近也，習相遠也。仁遠乎哉？我欲仁，斯仁至矣。爲仁由己，而由人乎哉？

子思（孔子之孫，名伋，作《中庸》，收入《禮記》），他的言論：《中庸》天命之謂性，率性之謂道。修道之謂教。道也者，不可須臾離也，可離非道也。

孟子受業於子思之門人。關於人性問題，他的言論：仁、義、禮、智四端，非由外鑠我也，我固有之也，弗思耳也。

孟子道性善，言必稱堯舜。

人性之善也，猶水之就下也。人無有不善，水無有不下。今夫水，搏而躍之，可使過顙（額），激而行之，可使在山。是豈水之性哉？其勢（其外力）則（使）然也。人之可使爲不善，其性（其情況）亦猶是也。

人能充無欲害人之心，而仁不可勝用也。

雖存乎人者，豈無仁義之心哉？亦猶斧斤之於木（森林）也，旦旦而伐之，可以為美乎？（亦見前述）其日夜之所息，平旦之氣，（指恢復過來，未受惡性污染的仁心、善性）其好惡（好壞）與人（社會人）相近也者幾希？（差不多了，相距不遠了）則其旦晝（白天）之所為，有梏亡之矣（卡住而消亡了）。梏之反覆，則其夜氣（指恢復過來的仁心、善性）不足以存，夜氣不足以存，則其違禽獸不遠矣。人見其禽獸也，而以為未嘗有才（仁心、善性。人的素質）焉，是豈人之情（本性）也哉？故苟得其養，無物不長，苟失其養，無物不亡（原為消，能押韻更好）。孔子曰：「操則存，舍則亡，出入無時，莫知其鄉。」惟心之謂歟？（指仁心、善性，常受挫傷，需加操持，才能保持，否則舍之，棄之，則消亡、泯滅了。）

　　關於人性問題，唐朝韓愈的言論：性也者（仁、義、禮、智、信），與生俱生也。情也者（喜、怒、哀、懼、愛、惡、欲）接于物而生也。

　　距今（一九九五年）八百年前，理學家（即哲學家）北宋二程（程顥、程頤）和南宋朱熹（《四書集注》的作者）把人性區分為二：天理與人欲。二者不能並立。天理存，則人欲亡。人欲勝，則天理滅。人為不善，欲誘之也。唯思為能窒欲。

　　距今五百年前，明朝理學家王守仁主張用「致良知」的辦法，「去人欲，存天理」。從而挽救人心。他說：「破山中賊易，破心中賊難。」「良知之在人心，無間于聖愚，天下古今之所同也。」「必欲此心純乎天理而無一毫人欲之私，非防于未萌之先，而克于方萌之際不能也。」「知這良心訣竅，隨他多少邪思惡念，這裡一覺，都自消融，真個是靈丹一粒，點鐵成金。」〔（按：「良知」二字，來自《孟子·盡心上》：所不慮（思考）而知者，

其良知也。孩提（二三歲可提抱的小孩）之童，無不知愛其親者，及其長也，無不知敬其兄也。親親，仁也。敬長，義也。無他，達之天下也。（兩種品德可通于天下）〕

　　國父孫中山先生繼承孔孟性善論。認爲道德仁義爲人所固有。人的天性有互助的品德。他說：「人類以互助爲原則。社會國家者，互助之體也。道德仁義者，互助之用也。人類順此原則者昌，不順此原則者亡。」（《孫文學說》）現在學者陳立夫先生說：「中國人的文化道統（仁義禮智信）是人類共生、共存、共進化的原理。國族之強盛、世界之和平、人類之幸福，均將以其獲得力行實踐而受賜！」（按：原句公誠仁中行，其中公誠仁三字實與仁義禮智信五德相通。中——中庸之道，行——一切處於運動之中。孔子：「生生之謂《易》。」「變動不居。」見《周易·繫辭上、下》）（陳之引文見陳立夫先生《一九七六年十月卅一日亞洲文化中心第二屆亞洲學者會議開幕詞》及一九九二年十月廿日香港《新聞天地》陳立夫先生《以中華文化救世界》。開幕詞結論之警語：「有道德始有國家，有道德始成世界。」）

　　馬列文獻：不承認人類有共同的人性。仁義道德都是地主、資產階級的人性論。否認個性。只承認階級性。沒有私人感情，只有階級友愛。興無滅資（興無產階級，滅資產、地主階級），鬥私批修。（鬥私有觀念、私有行爲，批修正主義——即批鬥利用資本主義企圖實現共產主義的思想路線。）

　　共產社會沒有國家，沒有階級，沒有私有制。人人都是平等的勞動者，各盡所能，各取所需。仍然是一個頭腦中空想的虛幻社會，這不可能實現。它作爲行動綱領，在蘇聯邦作了七十四的實驗，宣告破產而最終失敗。孔子的大同社會，與它有相似之處，但孔子作爲道德教育而啓迪國人，而以得其堯、舜、禹、湯、文、

武、周公這樣的人選，主持國政，為實現小康和大順社會，作為實際目標。

㈦有關人性問題，古今聚訟紛紜，不容拖延久懸不決。現在要從實分析研究，並且要作出正確的結論。

1.事物總是：一分為二，人的本質（本性、人性、天性、性情，素質、才、情、人情。）不能例外。這種不能例外，不是主觀，而是客觀事實見之於主觀頭腦中的產物。人的本質，一分為二：就是欲與仁。

2.思想是一張白紙，它是人腦的一種機能。思想的材料，來自客觀世界。

3.客觀世界包括思想之外的一切。連自己本身及本身的各種器官及各種器官的機能，都包括在客觀世界範圍之內。其中神經系統傳達訊息到達人腦，使人腦的機能，得到印象（映像）而產生意識（或稱思想意識）。譬如渴思飲，飢思食，飽暖思淫欲，都是客觀見之於主觀（思想），決不是思想中所固有。思想的這種機能，不能夠無中生有，無客觀的思想材料，不能產生意識的。

4.人的本質，一分為二：作為自然人，必然需要吃喝穿住，需要兩性生活。必然產生對幸福生活的追求，對幸福家庭的愛慕。它的延伸就是財富、富貴、美色，權力在孔子言論中「性相近也，習相遠也。」這個「性相近也」，就指的是人的第二人性（仁），這個「習相遠也」，就是指人的第一人性（人欲），它把人的第二人性（仁）引向遠處了。就是要教導人，要自身發揮仁的作用，不能外求他人，使有「人欲」這個第一人性的存在和產生的威脅，需要喚起「仁」的第二人性去加以抵制和控馭。但孔子沒有明白說出這種內涵的實質意義。

5.子思的《中庸》：天命之謂性。這個天命之性就是指的第

二人性（仁）。它的勢力弱於第一人性（人欲），所以他說：「率性（沿此前進）之謂道。修道之謂教。」（仁性要修，要教育培養）「道也者，不可須臾離也，可離非道也。」（用曾子的話說：這個修仁道的任務，死而後已。）

6.孟子所謂人性四端（仁義禮智），「非由外鑠我也，我固有之也，弗思耳也。」眞的非由外鑠，而我固有的嗎？不然，否也。人的本質一分爲二，作爲社會人，必然產生仁，需要仁。這也是由於客觀世界見之於主觀（思、想）所產生的意識形態。當然思想是一張白紙，思想材料來自客觀世界。孫中山先生的「社會互助論」就爲每一個社會人必然產生仁的思想意識，提供無窮無盡的思想材料。世界上一切事事物物，有哪一件是由一個單獨的人辦得成的？譬如我們在寫文章，紙張筆墨，都要靠社會供給。一個人吃飯穿衣，衣食從何而來？總不是樣樣靠自己親手辦得成的？當然你可以引述馬列文獻對資產者批評的話說：「現金交易，一切淹沒在利己主義打算的冰中之中。」正是這樣，所以孔孟要建立仁義學說，來挽救社會，改造人心。而資本不仁，造成一九四八年馬恩宣言以來，迄至一九九一年蘇聯邦解體，一共四三年的全球動亂，人類遭受的浩劫所帶來苦難和人命死亡，也就夠說明問題了。爲什麼孟子要道性善，言必稱堯舜，就是善的對立面，有「不善」，有人的惡性要危害善性。也因爲社會有許多桀紂性質的人和事，所以言必稱堯舜。水可使過顙，可使上山，人可使爲不善，這是勢（外力）使然，這外力是什麼？爲什麼孟子要說人能充無欲害人之心，這個有害人之心是什麼？夜氣爲什麼會桔亡？什麼力量使它桔亡？爲什麼仁心要操持？不能舍棄？仁心要培養，才能生長，否則便會消亡？孟子都未把仁的對立面——不仁，明白說出來。

7.好了，到了唐朝韓愈，把矛盾著的兩個對立面拿出來了：性——仁、義、禮、智、信。（比孟子多加了一端（信），孟子只說四端。）情——喜、怒、哀、懼、愛、惡、欲，是接於物而生。前者仁性，是人所固有。七情當中，實際以「欲」爲主。因爲七情是孔子安的名字。由「欲」而生「愛、惡」，由愛惡而產生喜怒哀懼。這個「情」的思維，是接於物而生，這個「物」應包括思想以外的全部物質世界。（如自己本身四體、器官、器官的機能，外界的美食、美色。）這個「情」就是「人欲」。它的延伸就是對富貴、權力、美色、享樂的追逐。這個四端或五端的仁性，善性，也不是人所固有，而是社會人的必然產物。韓愈對仁性是人所固有，還沒有理解到是社會人必然的產物，仍然是和客觀世界見之於主觀之事。

8.到了二程、朱熹、王守仁階段：人性首先分成：天命之性（這是子思的用語）與氣質之性。這是由韓愈分性與情，所發展出來的。進一步，把天命之性，延伸爲「天理」，把氣質稟賦的清、濁，以及接於物而產生的偏、蔽，叫做「人欲」。於是天理與人欲一對明顯的矛盾顯露出來了。天理是純善，人欲是萬惡。因此主張「存天理，滅人欲。」天理與人欲，勢不兩立，決不能並存。只有用自我修養的方法，來實現滅人欲的主張。說：「惟思爲能窒欲。」（二程）「欲只是要窒。」（朱熹）王守仁提出一個「致良知」的辦法，來實現他「存天理，去人欲」的主張。他說：「良知在人心。」只要做到「此心純乎天理而無一毫人欲之私。」便能絕除「邪思枉念，個個圓成。」

9.二程、朱、王，他們沒有掌握孔孟辯證理論思維的思想方法，把事物絕對化，肯定一切，否定一切。不是矛盾著的兩個對立面，又對立，又統一，是一個矛盾運動的過程。人的物質欲望，

只要於統一仁的範圍之內，就是合理的。而且不但合理，兼且推動了生產的發展，經濟的繁榮，提升了人類文明不斷進化，對人的本身，對社會全體，都有莫大好處。它是孫中山先生「民生史觀」和陳立夫先生「唯生論」的理根據。即使仁與欲的分裂，產生不合理的成分，那也是支流，而不是主流，事物即使有反覆曲折，甚至倒退。而合理的成分，積極向上的因素，總是爲自己開關前進的道路。

　　10.其次對人欲的橫流和氾濫，也不是光做「自我修養工夫」可以辦得到的。沒有政治是辦不到的。爲政在人，沒有人才又是辦不到。有了人才，沒有權，沒有位，沒有一定的俸祿又難以辦到的。現在舉一個實際例子，來說明這個問題。《史記·管晏列傳·正義·說苑》云：「齊桓公使管仲治國，管仲對曰：『賤不能臨貴。』桓公以爲上卿，而國不治，曰：「何故？」管仲對曰：『貧不能使富。』桓公賜之齊市租，而國不治。桓公曰：『何故？』對曰：『疏不能制近。』桓公立以爲仲父，齊國大安，而遂霸天下。」孔子曰：「管仲之賢而不得此三權者，亦不能使其君，南面而稱霸。」因此有了孔孟仁義學說，沒有民主政治，使仁者如堯、舜、禹、湯、文、武、周公這樣的人選居高位，又沒有民主制衡於元首，談何容易？有了民主，人民沒有自由經濟，努力追求自己的事業和前途的發展，又談何容易？每個人都要做到「仁以爲己任，死而後已。」個人才幸福，國家、民族才康富，世界才太平。不能普遍聯繫看待問題，處理問題，仍然是空談改造人心，空談改造和建設國家社會。二程、朱、王是理學家，卻不是完備的政治家。孔、孟、韓愈是完備的政治家，由於國家政權私有制，沒有登上高位，掌握政治實權，仍然是各自演了一場歷史悲劇，而不幸離世。可悲也夫！

11.「什麼是孔孟的哲學思想？」「產生的思想根源在哪裡？」的結論。

簡單的說：孔孟的哲學思想就是一個「仁」字。產生的思想根源就在於「人的本質」。人的本質一分爲二：社會人產生「仁」，自然人產生「欲」。

引深來說：仁與欲。

仁與不仁。

善與惡。

公與私。

性與情。

天命之性與氣質之性。

天理與人欲。

王道與霸道。

義與利。（注：王霸義利是朱子提的名稱）

以上矛盾著的兩個對立面，又對立、又統一，形成矛盾運動的過程。以時間而論，對人來說，它的長期性是「死而後已」。以空間而論，對人來說，矛盾運動無所不在，無往不在。一事物與他事物的聯繫，（即一對矛盾與其他許許多多成對的矛盾的聯繫）它的普遍性又是廣闊無邊。

以上就是孔孟哲學思想的整體。它適用於一切社會現象的認識、解釋和處理方法。下面再敍述產生孔孟哲學思想的社會根源。然後談它的歷史根源。

二、產生孔孟哲學思想的社會根源

孔子生於春秋末期，孟子生於戰國末期。孔子的卒年與孟子的生年，相距一〇七年。中國歷史五千年，都是私有制社會，往

後也總是私有制社會。以國家政權歸屬來說，國內大陸仍然是國家政權私有制。台灣已經有反對黨派的合法存在，已向國家政權公有制或稱民主制過渡，是一大突破與進步。大陸已向民主政治方向發展，但還沒有達到成熟的轉變階段。春秋與戰國所處的社會都是私有制，但具體情況仍然有各自的特點，所加予孔孟思想的思想材料，竟究各有其時代特徵，現在分別敘述如下。

㈠孔子的情況

現在順《論語》的次序去尋找社會根源，就可以知道了：

1.社會有好犯上作亂，人有巧言令（佞）色，人有爲人謀而不忠，與朋友交而不信。

2.道（治理）千乘之國，節用而愛人，使民以時。以與孔子同時期的齊景公爲例：好治宮室，聚狗馬，奢侈，厚賦，重刑，晏子諫之。

3.子夏曰：「賢賢（尊敬有賢德的人）易（不重視）色（女色）。」事實上並非如此：孔子出訪衛靈公，就強烈地指出：「已矣乎！吾未見好德如好色者也。」衛靈公不但好女色——南子，而且好男色——彌子瑕。齊人饋女樂，魯定公君臣受之，不聽朝政，淫於美色。

4.子曰：爲政以德。事實上，各諸侯國國君道之以政，齊之以刑。苛政猛如虎。《禮記·檀弓下》孔子過泰山側，有婦人哭於墓者而哀，夫子式（試）而聽之。使子路、子貢問之。曰：「子之哭也，壹似重有憂者。」而曰：「然，昔者吾舅死于虎，吾夫又死焉，今吾子又死焉。」夫子曰：「何爲不去也？」曰：「無苛政。」夫子曰：「小子識之，苛政猛于虎也！」

5.子曰：「君子無所爭，必也射乎！（比射箭）揖讓而升，下而飲，其爭也君子。」其實孔子三十五歲，季平子與郈昭伯以

鬥雞故，得罪魯昭公，昭公率師擊平子，平子與孟氏、叔孫氏三家共攻昭公，昭公師敗奔齊，齊處昭公於乾侯（地名），後卒死之。

6.儀（地名）封人（守邊官）請見孔子，見之，出曰：「天下無道也久矣，天將以夫子為木鐸。」其實不然：孔子適齊求仕，景公欲以尼谿田封孔子，齊大夫害之，遂返魯。孔子訪衛，衛人奉粟六萬，與居魯同。有人譖孔子，孔子恐獲罪，去衛。孔子適宋，與弟子習禮大樹下，宋司馬（掌兵權）桓魋欲殺孔子，拔其樹。孔子去。孔子在陳蔡之間，楚國來聘，陳蔡用事大夫，恐孔子用於楚，於其不利，相與發徒役圍孔子於野，不得行，絕糧。楚興師迎孔子，昭王將以書社地七百里封孔子，楚令尹曰：「夫文王在豐，武王在鎬，百里之君卒王天下，今孔丘據土壤，賢弟子為佐，非楚之福也。」乃止。

7.當然社會上大多數情況，謀求私利與富貴，並非不合理。子曰：「富與貴，是人之所欲也，不以其道得之，不處也。」又說：「不義而富且貴，于我如浮雲。」「小人（一般人）懷土。」「小人懷惠。」「小人喻于利。」在孔子看來：「苟志于仁，無惡也。」追求私利並非壞事。

8.孔子讚揚鄭國子產（中國古代春秋時傑出賢相）「有君子之道四焉：其行己也恭，其事上也敬，其養民也惠，其使民也義。」孔子認為能博施於民而濟於眾，達到仁的極致。己立立人，己達達人，都是仁。行仁的方法，能近取譬，不事遠求。要做到這一點，是很難的。堯、舜其猶病諸！（堯、舜都難以完完全全做到。）

9.孔子非常稱讚禹帝：「菲飲食，惡衣服，卑宮室，而盡力乎溝洫。（治水十三年居外，過其家門而不入。）禹，吾無間然矣！」

10.孔子對弟子冉求爲魯當權大夫聚財，深表不滿。他說：「季氏富于周公，而求也爲之聚斂而附益之。非吾徒也，小子鳴鼓而攻之可也！」

11.孔子離魯十四年而後返魯，季康患盜，問於孔子。季康子欲殺無道，以就有道。可見當時魯國社會，已產生嚴重的社會問題。孔子的見解是：「苟子之不欲，雖賞之不竊。」「子爲政，焉用殺？子欲善，而民善矣。君子之德風，小人之德草，草上之風，必偃。」按孔子之意，爲政以德，以仁治國，選用有才德的人，天下可望太平。換言之，社會是私有制社會，社會有貧富和貴賤，人生而有欲。「人欲」不以仁加以約束和控馭，必然產生社會動亂和禍患。以仁治國是根本，能得禹、湯、文、武、成王、周公這樣的人選，是關鍵之所在。國家政權私有制、或「繼世以有天下」、「父死子繼，兄終弟及」或黨魁內定制都辦不到這一點。只有民主政治，才能最終解決這一歷史難題。

12.仁者人也，社會人必然產生仁，需要仁。人者人也，自然人必然需要不斷改和提高生活，人人需要富貴，人人做「大官」不可能，人人致富，安個太史公司馬遷所謂「素封」頭銜，豈不美乎！所以有了民主政治，還需要實行自由經濟，調動社會中每一個人的積極向上的精神。自由經濟則是至關緊要的一環！

13.產生孔子的「正名思想」，有它深厚的社會根源。孔子三十五歲適齊求仕，齊景公問政於孔子。孔子曰：「君君，臣臣，父父，子子。」景公曰：「善哉！信如君不君，臣不臣，父不父，子不子，雖有粟，吾豈得而食諸！」孔子六十四歲，孔子至衛。是時衛君輒父（即指靈公太子蒯聵）不得立，在外，諸侯數以爲讓（譴責）。而孔子弟子多仕於衛，衛君輒（即蒯聵之子，靈公之孫）欲得孔子爲政。（即欲任孔子主持國政）子路曰：「衛君

待子而爲政，子將奚先？」孔子曰：「必也正名乎！」子路曰：
「有是哉，子之迂也！何其正也？」孔子曰：「野哉由也！（仲
由字子路。野——不懂事）夫名不正則言不順，言不順則事不成，
事不成則禮樂不興，禮樂不興則刑罰不中，刑罰不中則民無所錯
（措）手足矣。夫君子爲之必可名，言之必可行。君子于其言，
無所苟而已矣。」（意即正百事之名，循名責實。）當年齊景公
階段，田乞專國政。景公卒，立子荼爲君，是爲晏孺子。田乞不
悅，殺之，另立景公他子陽生，是悼公。田乞死，子田常立。鮑
牧與悼公有隙，弒悼公。共立其子壬，是爲簡公。田常弒簡公，
並盡誅鮑、晏、闞止及公族之強者，立簡公弟驁，是爲平公，田
常爲相。田常弒簡公，孔子已返魯，請哀公出兵伐之，未果。由
此看來，田乞、鮑牧、田常弒君，是臣不臣之顯例。當年衛靈公
夫人南子，宋女，與公子朝通奸，太子蒯聵恥之，使家臣殺夫人
不果。靈公怒，蒯聵奔晉在外。靈公卒，以立蒯聵之子輒爲君。
晉趙簡子欲入蒯聵，輒發兵擊之。蒯聵之姊孔文子（圉）夫人，
迎立蒯聵，是爲莊公，衛君輒奔魯。由此觀之，衛靈公君不君，
父不父，兩者俱兼。蒯聵與輒父子爭國，聵爲父不父，輒亦子不
子。而靈公妻南子，應歸之爲母不母，婦不婦了。在春秋時期，
這樣的例子太多了，不勝枚舉。晉獻公殺世子申生，既係君不君，
又係父不父。衛宣公殺太子伋，主謀而讒殺者實爲伋之弟，公子
朔，前者君不君，父不父兼而有之，後者應爲弟不弟了。宣公妻
齊姜，應與靈公夫人南子同罪。

　　現在據史應把衛宣公殺太子伋一事，不憚其煩，從詳敍述，
以揭示孔子正名思想的社會根源不但是千眞而且是萬確之事。

　　孔子當年離魯出訪衛靈公之祖輩衛宣公，淫縱不檢，自爲公
子時，與其父莊公之妾夷姜私通，生下一子，寄養民間，取名伋。

宣公即位之日，元配邢妃無寵，只夷姜得幸，如同夫婦。就許立
伋子爲嗣，囑於右公子職。（即囑其傳之之意）時伋子長成，已
一十六歲，爲之聘齊僖公長女，是爲齊姜。使者返國，宣公聞齊
女有絕世之姿，心貪其色，而難於啓口。乃招名匠築高台於淇河
之上，朱欄華棟，重宮複室，極其華麗，名曰新台。先以聘問宋
國爲名，遣開伋子。然後使左公子洩如齊，迎姜氏逕至新台，自
己納之。伋子自宋回家，復命於新台。宣公命以庶母之禮，謁見
姜氏。伋子全無些微怨恨之意。宣公自納齊女，只往新台朝歡暮
樂，將夷姜撇在一邊。一住三年，與齊姜連生二子，長曰壽，次
曰朔。常言道：子以母貴。宣公因偏寵齊姜，將昔日憐愛伋子之
情，都移在壽與朔身上，心中更想百年之後，把衛國江山，傳與
壽朔兄弟，他便心滿意足，反似多了伋子一人。只因公子壽天性
孝友，與伋子如同胞一般相愛，每在父母面前，周旋其兄。那伋
子溫柔敬慎，無有失德，所以宣公未曾顯露其意。私卜將公子壽
囑託左公子洩，異日扶他爲君。那公子朔雖與壽一母所生，賢愚
迥然不同，年齒尚幼，天生狡猾，恃其母之得寵，陰蓄死士，心
懷非望。不惟憎嫌伋子，並親兄公子壽，也像贅疣一般。只是事
有緩急，先除伋子要緊。常把話語挑激其母。說：「父親眼下，
雖然將我母子看待，有伋子在先，他爲兄，我等爲弟，異日傳位，
免不得長幼之序。況夷姜被你奪寵，心懷積忿，若伋子爲君，彼
爲國母，我母子無安身之地矣！」齊姜原是伋子所聘，今日跟隨
宣公，生子得時，也覺伋子與己有礙。遂與公子朔合謀，每每讒
譖伋子於宣公之前。一日，伋子誕日，公子壽治酒相賀，朔亦與
席。坐間，伋子與公子壽說話甚密。公子朔插嘴不下，託病先別。
一逕到齊姜面前，雙眼垂淚，扯個大謊，告訴道：「孩兒好意同
自己哥哥與伋子上壽，伋子飲酒半酣，戲謔之間，呼孩兒爲兒子。

孩兒心中不平，說他幾句。他說：『你母親原是我的妻子，你便
稱我爲父，于理應該。』孩兒再待開口，他便奮臂要打。方得自
己哥哥勸住，孩兒逃席而來，受此大辱，望母親稟知父侯，與孩
兒做主！」齊姜信以爲然。待宣公入宮，嗚嗚咽咽的告訴出來，
又裝點幾句道：「他還要玷污妾身，說：『我母夷姜，原是父親
的庶母，尙然收納爲妻。況你母親原是我舊妻，父親只算借貸一
般，少不得與衛國江山，一同還我。』」宣公召公子壽問之，壽
答曰：「並無此說。」宣公半疑半信，但遣內侍傳諭夷姜，責備
他不能教訓其子。夷姜怨氣塡胸，無處伸訴，投繯而死。伋子痛
念其母，惟恐宣公嗔怪，暗地啼哭。公子朔又與齊姜謗說伋子，
因生母死於非命，口出怨言，日後要將母子償命。宣公本不信有
此事。無奈妒妻讒子，日夜攛掇，定要宣公殺伋子，以絕後患，
不由宣公不聽。但輾轉躊躇，終是殺之無名，必須假手他人，死
於道路，方可掩人耳目。

　　其時，適齊僖公約會伐紀，征兵於衛。宣公乃與公子朔商議，
假以往訂師期爲名，遣伋子如齊，授以白旄。此去莘野，是往齊
要路，舟行至此，必然登陸，在彼安排伋子，他必不作準備。公
子朔向來私蓄死士，今日正用得著，教他假裝盜賊，伏於莘野，
只認白旄過去，便趕出一齊下手，以旄復命，自有重賞。公子朔
處分已定，回復齊姜，齊姜心下十分歡喜。公子壽見父屏去從人，
獨召弟朔議事，心懷疑惑。入宮來見母親，探其語氣。齊姜不知
隱瞞，盡吐其實。囑咐曰：「此乃汝父主意，欲除我母子後患，
不可洩漏他人。」公子壽知其計已成，諫之無益。私下來見伋子，
告以父親之計：「此去莘野必由之路，多凶少吉，不如出奔他國，
別作良圖。」（按此爲父子兩全之計，惜未能行。）伋子曰：「
爲人子者，以從命爲孝，棄父之命，即爲逆子。世間豈有無父之

國，即欲出奔，吾將安往？」遂束裝下舟，毅然就道。公子壽泣勸不從。思想：「吾兄眞仁人也！此行若死于盜賊之手，父親立我爲嗣，何以自明？子不可以無父，弟不可以無兄，吾當先兄而行，代他一死，吾兄必然獲免。父親聞吾之死，倘能感悟，慈孝兩全，落得留名萬古。」於是別以一舟載酒，亟往河下，請伋子餞別。伋子辭以：「君命在身，不敢逗遛。」公子壽乃移樽過舟，滿斟以進。未及開言，不覺淚珠墮於杯中。伋子忙接而飲之。公子壽曰：「酒已污矣！」伋子曰：「正欲飲吾弟之情也。」公子壽拭淚言曰：「今日此酒，乃吾弟兄永訣之酒。哥哥若鑒小弟之情，多飲幾杯。」伋子曰：「敢不盡量！」兩人淚眼相對，彼此勸酬。公子壽有心留量。伋子到手便飲，不覺盡醉，倒於席上，鼾鼾睡去。公子壽謂從人曰：「君命不可遲也，我當代往。」即取伋子手中白旄，故意插於舟首，用自己僕從相隨。囑咐伋子隨行人眾，好生守候。袖中出一簡，付之曰：「俟世子酒醒後，可呈看也。」即命發舟。行近莘野，方欲整車登岸，那埋伏的死士，望見河中行旌飄颻，認得白旄，定是伋子到來，一聲呼哨，如蜂而集。公子壽挺然出喝曰：「吾乃本國衛侯長子，奉使往齊。汝等何人，敢來邀截？」眾賊齊聲道：「吾等奉衛侯密旨，來取汝首！」挺刀便砍。從者見勢頭凶猛，不知來歷，一時驚散。可憐子壽引頸受刀，賊黨取頭，盛於木匣，一齊下船，偃旄而歸。這邊伋子酒量原淺，一時便醒，不見公子壽，從人將簡緘呈上，伋子拆而看之，簡上只有八個字：「弟已代行，兄宜速避。」伋子不覺墮淚曰：「弟爲我犯難，吾當速往，不然，恐誤殺吾弟也！」喜得僕從俱在，就乘了公子壽之舟，催趲舟人速行。他心念其弟，目不交睫。注視舟首之前，望見公子壽之舟，喜曰：「天幸吾弟尚在！」從人稟曰：「此來舟，非去舟也！」伋子心疑，教攏船

上去。兩船相近，樓櫓俱明。只見舟中一班賊黨，卻不見公子壽之面。伋子愈疑，乃佯問曰：「主公所命，曾了事否？」衆賊聽得說出秘密，認爲公子朔差來接應的，乃捧函以對曰：「事已了矣。」伋子取函啓視，只是公子壽之首，仰天大哭曰：「天乎冤哉！」衆賊駭然，問曰：「父殺其子，何故稱冤？」伋子曰：「我乃眞伋子也，得罪于父，父命殺我，此吾弟壽也。何罪而殺之？可速斷我頭，歸獻我父，可贖誤殺之罪。」衆賊遂將伋子斬首，並納函中。從人亦皆四散。此即太史公司馬遷悲歎兄弟爭死之事。（見《史記·衛康叔世家》）

　　衛宣公聞悉二子同時被害，嚇得面如土色，痛定生悲，淚如雨下。連聲嘆曰：「齊姜誤我！齊姜誤我！」責令公子朔拘拿殺人之賊。公子朔口雖應承，只是支吾，那肯獻出賊黨。宣公受此驚嚇之後，感成一病，閉眼便見夷姜、伋子、壽子一班人，在前啼啼哭哭。祈禱不效，不久身亡。公子朔發喪襲位，是爲惠公。即將左右二公子罷官不用，二人亦每思爲伋子及公子壽報仇。宣公在位四年，出兵伐鄭，二人乘其遠出，便擁戴伋子之弟、周王之婿黔牟即位。宣公乃出奔齊國。是時齊僖公已去世，襄公即位。曰：「吾甥也。」許以興兵復國。衛君黔牟立八年，齊襄公率諸侯共伐衛，誅左右公子，黔牟奔周，惠公亡八年復入，前後通年凡十三年矣。三十一年卒，子懿公立。狄人伐衛，殺懿公。歷史上有名的衛懿公好鶴亡國，即指宣公之子懿公。在位九年，淫樂奢侈。凡獻鶴者皆有重賞。弋人百方羅致，都來進獻。自苑囿宮廷，處處養鶴。所畜之鶴，皆有品位俸祿：上者食大夫俸，次者食士俸。若出遊，其鶴亦分班幸，載在車前，號曰「鶴將軍」。養鶴之人，亦有常俸。厚斂於民，以充鶴糧，民有飢凍，全不撫恤。大臣進諫，不聽。狄人入寇，百姓皆逃避村野，不肯即戎。

曰：「君好鶴，鶴可令擊狄。」狄殺懿公，國人思復立宣公前死公子伋之後，伋子之子死，而代伋子死者公子壽又無子。太子伋子同母弟二人：其一曰黔牟，嘗代惠公爲君，八年後去。其二曰昭伯。昭伯、黔牟皆已前死，故立昭伯之子申爲戴公，終不肯立宣公朔之後。

晉世子申生自縊、衛太子伋、公子壽兄弟爭殺，事極凄慘，催人淚下。孔子以禮治國，以仁治國，以及正名思想，是何等重要！

㈡產生孟子哲學思想的社會根源

1.孟子見梁惠王，王曰叟，不遠千里而來，亦將有以利吾國乎？孟子對曰：王曰何以利吾國？大夫曰何以利吾家？士庶人曰何以利吾身？上下交征利而國危矣。司馬遷曰：天下熙熙，皆爲利來，天下攘攘，皆爲利往。按言利、追逐私利，是社會的普遍現象，是自然人的迫切需求，是人的第一人性，與生而俱來。是人的欲望，不學而會，弗學而能。不能滅「利」的這個人性，也不可能滅這種人人都有的「利」的人性。只有用仁義的力量去控制它，控馭它，才不致產生人患，產生社會中爭奪相殺，導致上下交征利而國危矣的動亂局面。所以孔孟的仁義學說是來自社會。有社會的普遍言利的危害性，才有孔孟學說的強調提出和大力提倡「仁義」學說。

2.孟子書中，孟子見梁惠王，王立於沼上，顧鴻鴈麋鹿曰：「賢者亦樂此乎？」與齊宣王見孟子於雪宮（別墅），王曰：「賢者亦有此樂乎？」以及宣王好鼓樂，好田獵，郊關之內有囿（獵場）方四十里，好貨，好色，好勇（搞富國強兵），肥甘足於口，輕暖足於體，美色足於目，音樂足於聽，便嬖寵臣足於前，猶以爲不足，必欲擴國土，朝鄰國（使朝見），撫四夷，而稱霸

中國。這是戰國時社會中，各諸侯國國君普遍存在的現象。一句話：個人享樂和鞏固政權，吞併他國，小國怕受侵略，而腐敗淫樂曾無稍異。針對社會現象，孟子提出與民同樂的思想。君王好貨、好色，孟子提出與民同之的思想。小國怕受侵伐，提出對內行王道，對外效死抵抗，或如周文王之祖公古公亶公那樣遷居安全地帶。「苟爲善，後世子孫必有王者矣。」（孟子）居今而言，有聯合國可與控訴。苟爲善，不患無仗義執言者。

　　3.先看孔子情況。孔子主張節用愛人，使民以時。時使薄斂，所以勸百姓也。孔子適衛，冉有（求）僕（僕從、跟隨照顧），子曰：「庶矣哉！」（指人口衆多啊！）冉有曰：「既庶矣，又何加焉？」曰：「富之。」曰：「既富矣，又何加焉？」曰：「教之。」子曰：「因民之所利而利之，斯不亦惠而不費乎？」孔子對小人（一般人）懷土，小人懷惠，小人喻於利，並不加以反對，對應得之利，卻加以肯定和承認。他自己辦私學，收學費，就是一個例證。他說：「自行束脩以上，吾未嘗無誨焉。」（凡自己願意送我十條多點的乾肉作禮物，我未嘗不受納他作爲弟子而教育之。）社會有貴賤，有貧富，人，生而有欲，需要吃喝穿住，需要改善和提高自己的生活，國家應協助他解決這一有關每一個人的切身的利益的事，不能在他身上加重負擔。孔子離魯，於哀公十一年返乎魯國時，魯國當權大夫季孫欲按田畝，征收賦稅。使孔子弟子冉有訪諸孔子。孔子曰：「丘不識也。」三次訪問。最後並且說：「子（指孔子）爲國老，待子而行，若之何子之不言也？」孔子不對。而私下對冉有說：「君子之行也，度于禮。施取其厚，斂從其薄。如是則以丘（指原來所定章程收稅）亦足矣。若不度于禮，而貪冒無厭，則雖以田賦，將又不足。（按田畝收稅，必然把農戶私下開墾的土地全部要征稅。）且子（

對人之尊稱）季孫若欲行而法，則周公之典在。若欲苟（隨意更改）而行，又何訪焉。」孔子的反對意見，並沒有被接受。魯哀公十二年春，正式宣佈「用田賦」。（按田畝收稅。）《春秋》及《春秋左傳》對此都有記載，這是一件關係全體魯國占人口絕大多數農戶的重大事件，是孔子王道學說產生的社會根源。同樣孟子也是主張，薄稅斂，深耕易耨（從速鋤草），勿奪農時，以暇日修其孝悌忠信。雞豚（小豬）狗彘（大豬）之畜，無失其時。（或指及時繁殖飼養）易其田疇，薄其稅斂，民可使富也。聖人治天下，使其菽粟如水火（如水火一般的發展起來）。菽粟如水火，而民焉有不仁者乎？（與管子「倉廩實而知禮節，衣食足而知榮辱」同。按孔孟仁義學說並非空談。）孟子：諸侯之寶三：土地、人民、政事。寶珠玉者，殃必及身。有布縷之征，粟米之征，力役之征。君子用其一，緩其二。用其二而民殍（餓死），用其三而父子離。（全家逃荒）

　　4.孟子在上述減輕人民負擔之外，更提出一條致富的具體措施──由國家制民之產。他的理論根據是：民無恒產，因無恒心。苟無恒心，放辟邪侈，無不爲已，及陷于罪，然後從而刑之，是罔民也，焉有仁人在位，罔民而可爲也？孟子制產原則：必使仰足以事父母，俯足以畜妻子，樂歲終身飽，凶年免于死亡。然後驅而之善，故民之從之也輕。（容易接受國家政教及仁道教育。）制產具體內容：五畝之宅，樹之以桑，五十者可以衣帛矣。雞豚狗彘之畜，無失其時，七十者可以食肉矣。百畝之田，勿奪其時，八口之家可以無飢矣。謹庠序之教，申之以孝悌之義，頒白者不負戴于道路矣。（頭頂物、背負物）老者衣帛食肉，黎民不飢不寒，然而不王者，（不以王道統一天下）未之有也。居今而言，就是調動一切積極因素，爲人民創造出充分就業機會。所有上述

為民制產的理論和措施，都是根據古代農業社會所產的孔孟以王道治國的社會根源。孔孟思想不是從天而降，而是從社會中所產生。

　　5.孟子所處時代及其社會另一特徵是戰爭頻繁，大大小小的戰爭，可以說得上，到了無已復加的程度。戰國時期二五五年，據《史記》所載，僅以秦一國為例：獻公廿一年與晉戰於石門，斬首六萬。孝公八年與魏戰於元里斬首七千。惠文王七年與魏戰，虜其將龍賈，斬首八萬。十四年戰於修魚斬首八萬二千。更元十一年敗韓岸門斬首萬人。十三年擊楚於丹陽斬首八萬。武王四年拔宜陽斬首六萬。昭襄王六年伐楚斬首二萬。十四年白起攻韓魏於伊闕斬首廿四萬。廿七年擊趙斬首三萬。卅二年攻魏斬首四萬。卅三年擊芒卯、華陽斬首十五萬。四十三年白起攻韓斬首五萬。四十七年白起破趙於長干殺卒四十五萬。五十一年將軍摎攻韓斬首四萬。始皇十三年桓齮攻趙於平陽斬首十萬。往後秦楚之際楚項王坑殺秦降卒廿萬於新安。大破漢軍於彭城殺卒十萬。楚漢決戰於垓下，漢王劉邦殺項羽及斬殺兵卒八萬。歷代歷朝，戰爭不已，殺殺不休。歷史就是用鮮血寫成的，並非虛言！孟子游說齊國，宣王問曰：「齊桓、晉文之事，可得聞乎？」孟子對曰：「仲尼之徒，無道桓、文之事者。無以，則王乎？」曰：「德何如，則可以王矣？」曰：「保民而王。」曰：「若寡人者，可以保民乎矣？」曰：「可。」孟子游說梁國。孟子曰：「梁惠王以土地之故，糜爛其民而戰之，大敗。將復之，恐不能勝，故驅其所愛子弟以殉之。不仁哉，梁惠王也！」齊桓公、晉文公都是春秋時期稱霸的諸侯大國，發動許多戰爭。孟子認為：「春秋無義戰。」「五霸者，三王之罪也。」（五霸——齊桓公、晉文公、秦穆公、宋襄公、楚莊王。三王——夏、商、周）「爭地以戰，殺人盈野。

爭城以戰，殺人盈城，此所謂率土地而食人肉，罪不容死。」故
孟子與時君之爭，即王道與霸道之爭。孰是？孰不是？其理不辯
自明。孔孟仁道學說產生於他所處之社會，其理由亦甚明顯。

　　6.社會有仁與不仁，有善與惡，有忠與奸，有各走其極端。
故孔子曰：「攻乎異端，斯害也已！」孟子曰：「予豈好辯哉？
予不得已也。」韓愈曰：「不塞不流，不止不行。人其人，火其
書，廬其居，明先王之道以道之。」墨子兼愛，走仁的極端。楊
子爲我，走不仁的極端。老子無爲而治、佛家苦修行，超凡入聖，
走避世的極端。當今之世，覺悟各有不同，信仰自由應加以承認
和相互尊重。但宗教與政治必須分開。更不可搞暴力活動、恐嚇
手段。故孔子「攻乎異端。」孟子「好辯。」都是社會根源所促
成、所激成，並非無中生有。

三、產生孔孟哲學思想的歷史根源

　　㈠中國自有史以來，中國的朝代順序：伏羲、神農（炎帝）、
黃帝（軒轅）（炎黃子孫的名稱，即此而來）（以上稱三皇）、
少昊（黃帝子）、顓頊（黃帝孫）、高辛（黃帝曾孫）、唐堯（
高辛子）、虞舜（顓頊之後裔，早已微爲庶人）（以上稱五帝）、
夏（禹）、商（湯）、周（西周、東周、春秋、戰國）、秦、漢
（西漢、東漢）。（以下略，見前文。）

　　㈡孔子贊揚堯帝：「大哉堯之爲君也！巍巍乎！唯天爲大，
唯堯則之。（大道之行也，天下爲公。堯以天下禪讓於舜。舜是
平民。）」

　　孔子贊揚舜帝、禹帝：「巍巍乎！舜禹之有天下也，而不與
焉。（貴爲天子，而不以天下，而稱爲己有。）」

　　孟子道性善，言必稱堯舜！

　　孟子曰：「（夏、商、周）三代之得天下也以仁，其失天下也以不仁。」

　　孔子曰：「道二：仁與不仁而已矣。」

　　孟子曰：「暴其民甚，則身弒國亡。不甚，則身危國削。名之曰幽，厲，雖孝子慈孫，百代不能改也。」

　　㈢根據《尙書》及《史記·五帝·夏·殷·周·秦本紀》記載（以下同）：帝堯曰放勳（名字），其仁如天，其智如神，就之如日，望之如雲。富而不驕，貴而不傲。彤（紅色）車白馬，聖德順人。親九族，利便百姓，合和諸侯。知子丹朱不肖，不足以授天下，乃授舜。授舜則天下得其利，而丹朱病。堯曰：「終不以天下病而利一人。」孔子贊曰：「大哉！堯之爲君也！」《史記·正義》堯即位九十八年，通舜代攝二十八年，堯壽一一六歲。

　　㈣虞舜曰重華。父瞽叟，盲，性頑。舜母死。瞽叟更娶妻，性慧，生象，象傲。瞽叟愛後妻及象，常欲殺舜，舜避逃。小過，則受罪。順事父及後母與弟，日以篤謹。年廿，以孝聞。年卅，帝堯問可用者？四嶽咸荐虞舜。堯乃以二女妻舜，以觀其內，使九男與處，以觀其外。舜耕歷山，歷山之人皆讓畔，漁雷澤，雷澤上之人皆讓居。陶河濱，河濱器皆不苦窳。（無劣品）一年所居成聚，二年成邑，三年成都。堯賜舜絺衣（細葛布衣）與琴，爲築倉廩，予牛羊。瞽叟尙復欲殺之。使舜上涂廩，瞽叟從下縱火焚廩。舜乃以兩笠自托己身而下，去，得不死。後瞽叟又使舜穿井，舜穿井另爲匿空，旁出。瞽叟與象共下土實井，皆喜，以舜爲已死。於是二女與琴，象取之。牛羊倉廩予父母。象乃止舜居室，鼓其琴。舜出見之，象愕然。但曰：「我思舜正鬱陶！」舜曰：「然，爾其庶矣！」（謂其友悌之義還可以）舜復事瞽叟，

愛弟彌謹。舜入於大麓,烈風雷雨不迷。由於經過上述種種考驗,堯乃知舜之足以授天下。堯在位七十年,舉舜用事廿年,再使攝政八年。計避位廿八年而崩。堯試舜五典百官,皆治。舜舉八愷四個大族,使分主政事,以揆百事。舉八元另四大族,使布五教(父義、母慈、兄友、弟恭、子孝)。堯時已皆舉用,未曾分職者十人,進行分職:禹(司空、相國)、皋陶(大理卿、司法)、契(司徒、教育)、后稷(播百谷、農業)、伯夷(秩宗、太常、禮官)、夔(典樂官)、倕(共工、司空、主百工之官)、益(虞官、掌山澤之官)、龍彭祖(納言、喉舌之官、溝通上下,必信)(《論語·述而》子曰:述而不作,信而好古,竊比于我老彭)。命十二牧,論帝堯之德,敦之于民,遠佞人。(即十二州的州長)一共廿二人。另流放渾沌、窮奇、檮杌、饕餮四凶族,遷于四裔(去王城四千里之邊陲),以御螭魅。(即指尚未開化的野蠻民族。)舜施德政,以流放之法寬宥五刑。並言「刑期(期望)于無刑」。(三宥——幼少、老耄、蠢愚。或:弗識、過失、遺忘。)五刑:墨(刺鑿其額,染以墨)、劓(截鼻)、剕(刖足、割、截去膝蓋骨)、宮(男割勢,即生殖器,婦幽閉,縶子宮)、大辟(處死)。流放——大罪投四裔,次九州之外,次中國之外。(指華夏地區之外)舜舉用上述廿二人,咸成厥功,唯禹之功更大。四海之內,咸戴帝舜之功。舜年廿以孝聞,年卅堯舉之,年五十攝行天子之事,年五十八堯崩,三年喪畢,年六十一代堯踐帝位。踐帝位三十九年,南巡狩,崩於蒼梧之野,葬於江之南九疑(山名)是爲零陵。享壽一百歲。舜之踐帝位,載天子旗,往朝父瞽叟,夔夔(和敬貌)唯謹,如子道。封弟象爲諸侯。舜子商均亦不肖,舜乃預荐禹於天。十七年而崩。三年喪畢,禹亦讓舜子,如舜讓堯子。諸侯歸於禹,然後禹踐天子位。

堯子朱丹，舜子商均，皆有封地，以奉先祀。

㈤

<table>
<tr><td>（仁）</td><td></td><td>（不仁）</td><td></td></tr>
<tr><td>┌─堯</td><td></td><td>──</td><td>┐</td></tr>
<tr><td>得　舜</td><td></td><td>──</td><td>失</td></tr>
<tr><td>天　夏（禹）</td><td></td><td>夏桀王</td><td>天</td></tr>
<tr><td>下　商（湯）</td><td></td><td>商紂王</td><td>下</td></tr>
<tr><td>└─周（文王、武王、周公攝政七年）</td><td></td><td>周幽王、厲王─┘</td><td></td></tr>
</table>

夏禹曰文命（名字），父曰鯀。帝顓頊之後裔，世為人臣。帝堯之時，洪水滔天，下民其憂，用鯀治水，九年而水不息，功用不成。乃更求人，得舜。舜登用，攝行天子之政，巡狩。行視鯀治水無狀，乃殛鯀於羽山以死，天下皆以舜之誅為是。於是舉鯀子禹，使續父業。禹克勤於邦，克儉於家。傷先人父鯀功之不成受誅，乃勞身焦思，居外十三年，過家門不敢入。薄衣食，卑宮室，致力於溝洫。陸行乘車，水行乘船，泥行乘橇，山行乘檋。（釘鞋）順四季之宜，以開九州，通九道，陂九澤，度九山。命諸侯百姓，興人徒分劃九州彊界，隨山砍木，作為路標。根據土地肥瘠及所產物，定出貢賦的等級。《尚書·禹貢》篇，視為我國最早、最有價值的地理著作。《漢書·地理志》、《水經注》等歷代地理專著，都無一不以《禹貢》為依據。從漢代以來，研究《禹貢》的著述，不下數百種，已經成為專門的學術研究，禹的功勞不小。禹決九川致四海，浚畎澮（田間溝）致之川。與后稷予庶眾稻（種穀）種於卑濕土地上。與伯益予庶眾難得之糧食，食少，調有餘，補不足。把鳥獸鮮肉予庶眾，庶眾懋遷有無，徙居高地。眾民乃定，萬國為治。禹奉舜命討伐三苗。三旬，苗眾逆命如故。益贊佐禹，曰：「惟德動天，無遠弗屆。滿招損，謙

受益，是乃天道。舜帝初于歷山，往于田，日號泣于旻天，于父母負罪引咎，恭敬侍奉。瞽亦允諾。至誠感人，矧（音審，況也）茲有苗（即三苗，有——詞頭詞，無義）。」禹拜昌（美）言。曰：「兪！（對！）」班師振旅（回朝）。帝舜亦廣敷（布、施）文德。將士舞干羽（盾牌、羽制舞具）于兩階，然後撤兵。七旬後，三苗感化歸順。禹不自滿，不矜誇，對舜帝、皋陶（掌刑獄）、伯益的謀議和教言，總是虛心接納，並即叩拜。故「禹拜昌言」已爲後世作爲成語。孟子亦嘗引用。舜帝曰：「人心惟危，（指第一人性——欲）道心惟微（指第二人性——仁），惟精唯一，（只有精誠專一，一心一意）允執厥中。（牢固掌握中庸之道）四海困窮，天禄永終。（群衆生活不好，你的天下也坐不好。）」皋陶曰：「臨下以簡，御衆以寬。罰弗及嗣（后嗣，子孫后代），賞延于世（世代，后代）。宥過（過失犯）無大（不論其大，都要寬恕）。刑故（有意犯罪）無小。（不論其小，都要處罰。）罪疑惟輕，功疑惟重。與其殺不辜，寧失不經。（寧肯失去不守正道之罪，不予懲罰都可以）好生之德，洽于民心。」（按孔子：天地之大德曰生。始作俑者，其無後乎？子（季康子）爲政，焉用殺？孟子：省刑罰。天下惡（烏）乎定？定于一。孰能一之？不嗜殺人者能一之。都是與《尙書》的宗旨相通的。即就是孔孟思想的歷史根源。）

帝舜荐禹於天，爲嗣。十七年而舜崩。三年喪畢，禹辭避舜之子商均於陽城。天下諸侯皆去商均而朝禹。禹於是即天子位，國號曰夏后。禹立而舉皋陶任政。皋陶卒，舉益任之。十年禹東巡狩，至於會稽而崩。以天下授益。三年喪畢，益讓禹之子啓，避居箕山。禹子啓賢，及禹崩，雖授益，益佐禹之日淺，天下未洽，諸侯去益而朝啓，曰：「吾君帝禹之子也。」啓遂即天子之

位，是爲夏后帝啓。時有扈氏諸侯國不服，啓伐之，大戰於甘（扈國南郊），滅之。啓崩，太康立。從此國家政權仍屬私有制，繼世以有天下：父死子繼，無子，兄終弟及。歷朝歷代，權力鬥爭，糾紛不已，血戰不息。行政黨政治，則爲黨魁私有制，至今除台灣已有反對黨派的合法存在，並宣布改憲，民選總統，向民主政治邁進外，大陸亦正在發展醞釀之中。時代潮流之所趨，人心之所向，總有一日，可能實現這一理想。

夏朝第二世太康繼位，即耽湎游樂田獵，不理朝政，人民不堪忍受。他在洛水南面打獵，十旬弗返。有窮國國君后羿（善射著名）於黃河北岸阻止他回國。厥弟五人侍奉其母，皆去尋找，在洛水流入黃河之灣處，等候。五子咸怨，述大禹之告誡，作《五子之歌》：

其一曰：皇祖（指始祖夏禹）有訓，民可近，不可下。（君上民下，卻不能以低下看待）民惟邦本，本固邦寧。予視天下愚夫愚婦一能勝予。一人三失（指上述三事），怨豈在明？不見是圖。（指過失在不見時，即應圖謀制止。）予臨兆民，懍乎若朽索之馭六馬。爲人上者，奈何不敬？

其二曰：訓有之，內作（作興，酷好）色荒（女色），外作禽荒（酷好田獵），甘酒嗜音，（好旨酒，貪女樂）峻宇彫牆。（高屋，彫刻彩牆。）有一于此，未或不亡。

其三曰：惟彼陶唐（指堯帝），有此冀方（指堯轄區冀州。此處舉堯，包括舜、禹。舉冀州，包括全國）。今失厥道，亂其紀綱，乃底（抵）滅亡。

其四曰：明明我祖，萬邦之君。有典有則，貽厥子孫。關石和鈞〔（關山內外，貴重民用物資（金、鐵、米、粟、布、帛等）充沛流通，戶戶均平。〕王府則有。荒墜厥緒，覆宗絕祀！（爲

押韻，應爲族字）

其五曰：嗚呼曷歸？予懷之悲。萬姓仇予，予將疇（誰）依？鬱陶乎（憂愁）予心，顏厚有忸怩（厚顏無恥，內心慚愧）。弗愼厥德，雖悔可（何）追？

按《五子之歌》有深刻的政治意義和極高文學價值。太康崩，弟中康立。傳至十一世帝孔甲，好鬼神，事淫亂，夏德已衰，諸侯叛之。傳至十四世末代桀王，伐有施國，施人以妹喜妻之。桀寵妹喜，虐政淫荒，伊尹世之良臣賢相，嘗去亳（離開商湯王，亳爲商都）適夏（至桀王朝），既醜有夏（厭惡夏桀暴政），復歸於亳。入自北門，遇湯之二賢臣汝鳩、汝方。作《汝鳩》、《汝方》二篇，言所以醜夏而還之意。夏桀王滅德作威，殘傷百姓，百姓罹其凶害，如墜塗炭（爛泥、炭火。如陷水深火熱之中。）夏君臣耗竭民力，刻剝夏民，桀王猶云：「天之有日，猶吾之有民。日有亡哉？日亡吾亦亡矣。」百姓銜恨，曰：「時（這）日曷（何時）喪？予與汝偕亡。」當時湯爲諸侯，爲夏之屬國。湯修德政，各諸侯皆歸湯。桀乃召湯而囚之夏台，已而釋之。湯率兵伐桀，敗桀於歷山，桀與妹喜同舟浮江，奔南巢而死。桀謂人曰：「吾悔不遂殺湯于夏台，使至此。」夏朝亡。湯封夏之後。至周時，封於杞。

㈥商湯王，以仁得天下。夏桀王以不仁失天下。（連有賢者如伊尹，卻未能任之）湯之祖先曰契。始封商，其後裔盤庚遷殷，故曰殷契，曰殷商，曰商湯。契興於唐、虞、大禹之際。（堯、舜、禹）帝舜命契爲司徒。（主管教化）佐禹治水有功。自契至湯凡十四世，八徙國都。湯始居亳（即今河南商丘之北）。名履，又稱天乙。湯出，見野張網四面。湯曰：「噫，盡之矣！」乃去其三面。諸侯聞之，曰：「湯德至矣，及于禽獸。」伊尹名阿衡，

亦曰摯。處士（隱士）。湯使人聘迎之，五返然後肯從湯。或曰欲干湯而無由，乃爲湯王妃有莘氏媵臣（陪嫁臣僕），負鼎俎（充廚師）以滋味說湯，致于王道。（孟子辯證並非實事，有誣世之賢人。）或言素王（上皇，其道質素）及九主之事。（三皇、五帝及夏禹。《史記·索隱》劉向《七錄》所載，名稱甚奇。曰法君，謂用法嚴急之君，若秦孝公及始皇等是。曰勞君，謂勤勞天下，若禹、稷等是。曰等君，謂定等級，頒祿賞，若高祖（劉邦）封功臣。曰授君，謂人君不能自理，授政於臣，若燕王噲授子之，禹授益之比是。專君，謂專己獨斷，不任賢臣，若漢宣之比。破君，謂輕敵致寇，國滅身死，若吳濞、楚戊是也。寄君，謂人困於下，主驕於上，離析可待，故孟軻謂之寄君。（等查證）固君，謂完城郭，利甲兵，而不修德，若三苗、智伯之類。三歲社君，謂在襁褓而主社稷，若周成王、漢昭、平等是。按九主者，以三皇、五帝、夏禹爲是。劉向《七錄》九君，特求全立說而已。本文錄以參考，以廣見聞。）

　　湯舉伊尹任政，伊尹卻去湯適夏，足見尹視湯仍有不足之處，後復歸於湯，可見湯之「仁德寬厚，用人不疑。」（湯左相仲虺贊語）見《商書·仲虺之誥》原文「用人惟己（即用人不疑，如同相信自己一般），克寬克仁。」）（觀乎歷代君王，都有此開闊胸襟，需才孔急，唯賢是求。）湯曰：「予有言：人視水見形，視民知治否？」（自己主政之好壞，一探視民情則知。何事考察研究？湯王此語，誠爲千古名言。）伊尹曰：「明哉！言能聽，道乃進。勉哉，勉哉！」時湯爲夏之方伯，得專征伐。湯之鄰國伯爵葛國，《史記·殷本紀》葛伯不祀，湯始伐之。《尚書·仲虺之誥》：葛伯仇餉，初征自葛。東征西夷怨，南征北狄怨，曰：「奚獨後予？」攸徂之民（湯征伐所到之處的民衆），室家相慶，

曰：「徯（等待）予后，（后──國君，即指湯王）后來其蘇。」
（蘇──死而復生）民之戴商（擁戴商國），厥惟舊（很久）哉！
《孟子·滕文公下》孟子曰：「湯居亳，與葛爲鄰，葛伯放（放
肆）而不祀。（不祭祀祖先和天地）湯使人問之曰：『何爲不祀？』
曰：『無以供犧牲也。』（沒有牛羊作祭品）湯使遺之牛羊。葛
伯食之，又不以祀。湯又使人問之曰：『何爲不祀？』曰：『無
供粢盛也。』湯使亳衆往爲之耕，老弱饋食。（老弱的人，給耕
田的人去送飯菜。）葛伯率其民，要（攔住）其有酒食、黍稻者
奪之。不授者殺之。有童子以黍肉餉（供送），殺而奪之。《書》
曰：葛伯仇餉。」此之謂也。爲其殺是（這個）童子而征之，四
海之內皆曰：「非富天下也，（非湯貪圖土地、財物，使湯富於
天下或使湯國富強也）爲匹夫匹婦復讎（仇）也。」湯始征，自
葛始。十一征，而無敵於天下。東而征，西夷怨。南面而征，北
狄怨。曰：「奚爲後我？」民之望之，若大旱之望雨也。歸市者
弗止。（征戰時，市集貿易不停。）耘者不變。（鋤地耕種的農
夫，不逃避。）誅其君，弔其民（安撫百姓），如時雨降。民大
悅，《書》曰：「徯（等待）我后（我王），后（我王）來其無
罰。（我王來了，便不受罪了。）即此一端，便可見孟子哲學思
想，是有它深厚的歷史根源。

　　諸侯中有昆吾氏爲亂，湯乃興師率諸侯，伊尹從之，自把鉞
以伐。並乘勝伐桀。由於堯、舜、禹三代都是實行禪讓。禹授益，
諸侯擁戴禹子啓，以此禹有天下四七一年。現在湯伐桀，百姓有
疑問，湯自身也感到有慚愧，這從《尙書·湯誓·湯誥·仲虺之
誥》等篇中，可以看出。伊尹相湯伐桀，與桀戰於鳴條之野。（
地在安邑之西，黃河以北）作《湯誓》略曰：「格爾（來吧）！
衆庶，悉聽朕言。非我小子，敢行稱亂！有夏多罪，天命殛之。

今爾衆言：『我后（王）不恤我衆，捨我穡事，而割正（征伐）夏。夏罪其如何？』（湯王曰：）夏王率遏（耗竭）衆力，率割（刻剝）夏邑，有衆率怠弗協。（衆庶厭棄怠懜，與夏不協）曰：『時（這）日（太陽）曷喪（何時死亡）？予及汝偕亡。』（桀自比是太陽。曰：日豈亡哉？日亡我亡。）夏德若茲，今朕必往。」湯既黜夏命，復歸於亳。作《湯誥》。略曰：夏王滅德作威，肆虐爾萬方百姓。爾萬方百姓，罹其凶害。天道福善禍淫，降災于夏，以彰厥罪。茲朕未知獲戾于上下否？栗栗危懼，若將隕于深淵！（後之數語，即湯王自慚之詞。）湯王以武力伐夏成功，又稱成湯。湯為名字，成是謚號。他放（驅逐）桀於南巢（地名）。有慚德。曰：「予恐來世以我為口實（話柄）。」仲虺（音悔），湯之左相。作《仲虺之誥》略曰：有夏昏德，民墜塗炭，天乃錫（賜）王勇智，表正（表率）萬邦，纘禹舊緒，率由厥典，奉若天命。惟王不邇聲色，不殖貨利，德懋懋官（有德者升任），功懋懋賞（有功者獎賞），用人惟賢，改過不吝。克寬克仁，彰信兆民。（意即勸勉，毋自引咎。）

　　不幸的是：湯崩，未能行禪讓，太子太丁未立而卒。立其弟外丙，三年而崩。立其弟中壬，四年而崩。伊尹乃立太丁之子太甲，即成湯嫡長孫。立三年，暴虐亂德。伊尹放之於桐宮（湯王葬地）。伊尹攝政當國，以朝諸侯。太甲居桐宮三年，悔過修德，伊尹迎歸，授之以政。前後作《伊訓》、《肆命》（陳政教所當為，文亡佚）、《徂后》（言湯之法度，文亡佚）及《太甲訓》三篇。最後退隱告歸自身封地，更作《咸有一德》訓戒太甲。告知先王（湯王）昧爽丕顯，（由黎明到天亮，勤勞國事）坐以待旦。先王子（施）惠困窮，民服厥命，罔有不悅。惟天無親，克敬惟親。民罔常懷，懷于有仁。天位艱哉！天難諶，（信也）命

靡常。常厥德，保厥位。厥德匪（無）常，九有（九州）以亡。非天私我商，惟天佑于一德。非商求于下民，惟民歸于一德。德惟一，動罔（無）不吉。德二三（無常），動罔不凶。敷（廣泛）求哲人，輔于后嗣。制官刑（制懲辦官吏刑法）儆于有位。（百官）敢有恒舞于宮，酣歌于室，是謂巫風。敢有殉（貪求）于貨色，恒于游畋（游樂、打獵），是謂淫風。敢有侮聖言，逆忠直，遠耆德（年高德劭的人），比（親昵）頑（頑愚的人）童（幼稚的人），是謂亂風。惟茲三風十愆，卿士有一于身，家（食邑）必喪，邦君有一于身，國必亡。臣下不匡，其刑墨，（受墨刑）（臉上刺字，染以墨，又叫黥）俱訓于蒙士。（即下士）伊尹以冕服（帝王禮帽、禮服）奉嗣王（指太甲）歸于亳。作書曰：民非（無）后（國君）罔克胥匡（相互匡助）以生。后（國君）非（無）民，罔以辟（統治）四方。（按伊尹非常理解社會必需有一個國家，否則成無政府狀態。）皇天眷佑有商，俾嗣王克終厥德，實萬世無疆之休。王（指太甲）拜手稽首。曰：予小子不明于德，自底（抵）不類，（不善）欲敗度（人皆有欲，太甲已醒悟：不能敗度），縱（放肆）敗禮，（胡作胡爲）以速戾于厥躬。天作孽，猶可違。自作孽，不可逭。（不可饒恕）（按此四句，孟子常引用。已成爲我國成語）既往背師保（指伊尹）之訓，弗克于厥（其）初，尙賴匡救之德，圖惟厥（其）終。（按商朝約公元前一七〇〇——公元前一一〇〇，距今一九九四，已有三六九四年——三〇九四年。我國三千六百年前，就有如此好思想、好文章、好榜樣，眞是了不起，值得人人驕傲。可見中華文化的弘揚，更是刻不容緩！）太甲帝崩，子沃丁立。此時伊尹卒。沃丁既葬伊尹于亳（河南偃師），咎單（商賢臣）遂訓（敍述）伊尹事，作《沃丁》（可惜只有篇名，正文亡佚），伊尹年百歲卒。

大霧三日，沃丁以天子禮葬之。商湯王亦百歲而崩。即位十七年
（指諸侯國時），踐天子位十三年，計執政共三十年。（按：伊
尹的名字，在孟子書中，出現十九次，《伊訓》出現一次，《孟
子·萬章上》專章辯證：「伊尹以割烹要湯」絕對不是實事。對
伊尹推崇爲聖人，與益、周公、伯夷並列。孟子對《詩》《書》
引用最多，產生其學說的歷史根源也明甚。俗語說：人同此心，
心同此理。思想、社會、歷史三根源，產生孔孟哲學思想，應該
是沒有任何疑問。

　　商有天下凡卅一世，廿九王，六百餘年。湯王、帝太甲（伊
尹爲相）、帝太戊（伊尹子伊陟爲相）、帝祖乙、帝盤庚、帝武
丁（傅說爲相），此六世，堪稱治世，占五分之一世。餘皆亂世，
占五分之四世。諸侯不朝。不是子弟爭位，就是淫亂無道，或昏
庸無能。假若行民主政治，斷斷乎無此怪現象。假若肯行禪讓，
亦無此弊。假若代代有堯、舜、禹、湯、文、武、周公、伊尹，
以及後世諸葛孔明這樣的人選，也無此弊。禪讓與人選，兩難併。
筆者大聲疾呼，取民主制實爲上上之策，除此之外，別無任何其
他選擇！商之末代──紂王，「不仁」達於頂點，其慘死亦達於
頂點。有兵七十萬，皆倒戈不戰，自燔於火而死。武王以黃鉞（
比板斧而較大的，以青銅或鐵製成的古代兵器）斬紂頭，懸於大
白旗之上，以彰其醜。帝紂名受，與微子啓同母兄弟，母生啓時
猶未正位，及生紂時始正爲妃，故啓大而庶，紂小而嫡。資質敏
捷，體力過人，手格猛獸，能倒曳九牛，撫梁易柱。智足以拒諫，
言足以飾非。好酒淫樂，嬖於婦人。愛妲己。惟妲己之言是從。
武王伐紂時誓詞，指責爲牝雞（雌雞）鳴晨。使師涓作新淫聲，
北里之舞，靡靡之樂。厚賦稅以實鹿台之錢，（鹿台大三里，高
千尺，在都城朝歌城中）而盈鉅橋（倉庫名）之粟（通漕運）。

征收狗馬奇物，充仞宮室。益廣沙丘苑台（南距朝歌，北據邯鄲、沙丘，皆爲離宮別墅），多取野獸蜚鳥置其中。大聚樂戲於沙丘，以酒爲池，（酒池在衛州衛縣西廿三里）（《太公六韜》云：紂爲酒池，迴船糟丘而牛飲者三千餘人。）懸肉爲林，使男女裸，相逐其間，爲長夜之飲。百姓怨望而諸侯有叛者，紂乃重刑辟，有炮烙之法：膏銅柱，炊炭其下，令罪人步其上，輒墮炭中，以引妲己笑。）以西伯昌（文王）、九侯、鄂侯爲三公。九侯有好女，入紂。女不喜淫，紂怒，殺之，而醢九侯。（古代酷刑，將人剁成肉醬，使食）鄂侯爭辨，並脯鄂侯。（古代另一酷刑，將人殺死，燻乾）西伯昌聞之竊嘆。崇侯虎密以告紂，囚西伯於羑里。（《史記·太史公自序》：伏羲作《易·八卦》，西伯拘羑里，演《周易》）西伯之臣閎夭之徒，求美女、奇物、善馬以獻紂，紂乃赦西伯。西伯出而獻洛西之地，以請除炮烙之刑。紂乃許之，賜弓矢斧鉞，使得征伐，爲西伯。紂用費仲爲政，仲善諛好利。又用惡來（秦之祖蜚廉之子），來善毀逸，以此諸侯國人益疏。《帝王世紀》載：紂囚文王，文王長子伯邑考，質于殷，爲紂御，紂烹爲羹，賜文王，曰：「聖人當不食子羹。」文王食之，紂曰：「誰謂西伯聖者？食其子羹，尚不知也。」《漢孔安國尚書傳》：紂見冬月朝（早晨）涉水者，謂其脛耐寒，斫而視之。見《尚書·泰誓》斫朝涉之脛，剖賢人之心（指比干）。刳剔孕婦。罪人以族。（《孔傳》一人有罪，刑及父母、兄弟、妻子。）官人以世。（非選用賢能，而是父死子繼，世襲制。）爲天下逋逃主，萃罪人淵藪。西伯釋歸，陰修德惠，諸侯多叛紂往歸西伯。紂叔比干諫不聽，商容賢者，百姓愛之，紂廢之。及西伯戡黎（國名）賢臣祖伊奔告：「今我民罔不欲喪（殷），曰：『天曷不降威？大命（懲罰之命令）胡不至？』今王其奈何？」

紂曰：「我生不有命在天乎！」（按商紂不仁，他不懂天命即民意。武王《泰誓》中則指出：「天視自我民視，天聽自我民聽。受（紂王名）有億兆平民，離心離德。予有治臣十人，同心同德。雖有至親，不如仁人。」西伯既卒，武王東伐至盟津，諸侯叛殷會周者八百。武王知時機尙未成熟，乃復返。紂愈淫亂不止。微子數諫不聽，乃與大師、少師謀，遂去。（見《尙書·微子》比干強諫，紂怒剖視其心。箕子懼，乃佯狂爲奴，紂又囚之。殷之大師、少師持祭器、樂器奔周。周武王於是遂率諸侯伐紂，斬紂頭，殺妲己，殷商遂亡。

　　㈦孟子：三代（夏、商、周）之得天下也以仁，指的是夏禹王、商湯王、周文王、武王、周公。三代之失天下也以不仁，指的是夏桀王、商紂王、周厲王、幽王及周的後裔。周的祖先曰后稷，名棄。兒時游戲，好種麻、菽。及長，遂好耕農，相地之宜，播百穀而稼穡焉，民皆則之。帝堯舉棄爲農師，天下皆得其利。帝舜封之，號后稷，姓姬氏。及至公劉，雖在戎狄之間，（封地在雍州武功縣西南廿二里，叫古邰國。）復修后稷之業，務耕種。更南渡渭水，至南山取材木爲用，行者有資，居者有畜積，百姓多徙而歸焉。國於邠。民賴其慶，歌頌其德。《詩·大雅》「篤公劉！乃積乃倉，乃裹糇糧，度其隰原，徹田爲糧。」及至古公亶公（後尊稱太王），復修后稷、公劉之業，積德行義，戎狄攻之，欲得財物，予之。已復攻，欲得其地。民怒，欲戰。古公曰：「殺人父子，吾不忍焉。」乃去邠，踰梁山，止於岐下。邠人舉國扶老攜幼，盡復歸古公於岐下。旁國聞古公仁，亦多歸之。於是營築城郭室屋，居之。設五官有司（司徒、司馬、司空、司士、司寇）。民皆歌樂之，即《詩頌》云：「后稷之孫，實維太王，居岐之陽，實始翦商。」古公有三子曰太伯、虞仲、季歷（後尊

稱王季）。季歷生昌（即後之周文王）。太王（古公）妃太姜，
有色而貞順，率導諸子，至於成童，靡有過失。太王謀事必於太
姜，遷徙必與。王季（季歷）妃太任，性端壹誠莊，維德之行，
及其有身，目不視惡色，耳不聽淫聲，口不出傲言，能以胎教子，
而生文王（昌）（事見《列女傳》）。長子太伯、虞仲知古公（
太王）欲立季歷以傳昌（文王），乃二人以太王病，託言採藥如
吳越（後之江蘇常州無錫梅里村），不返。文身斷髮，（常在水
中，故斷其髮，文其身，以象龍子，故不見傷害。）示不可用，
以避季歷。（《論語·泰伯》）子曰：泰（太）伯，其可謂至德
也已矣！以三天下讓。（太王薨而季歷立，一讓也。季歷薨而文
王立，二讓也。文王薨而武王立，遂有天下，三讓也。）古公卒，
季歷立。季歷一修古公遺道，篤於行義，諸侯順之。季歷卒，子
昌立，是爲西伯，後稱文王，遵后稷、公劉之業，則古公、季歷
之法，篤仁、敬老、慈少、禮賢。日不暇食以待士，士多歸之。
伯夷、叔齊在孤竹（國名，地在遼西）聞西伯善養老，盍往歸之。
太顛、閎夭、散宜生、鬻子、辛甲大夫皆往歸之。崇侯虎讒西伯，
紂囚之。閎夭以美女、文馬、奇物，因紂嬖臣費仲獻於紂。紂大
悅，曰：「此一物（美女）足以釋之，況其多乎！」賜以斧鉞弓
矢，使得征伐。西伯更獻洛西，使紂去炮烙之刑。虞、芮之君，
相與爭田。久而不平，乃朝周往質。入其境，耕者讓畔，行者讓
路。入其邑，男女異路，斑白（老年人）不提挈（指不攜帶重物
走路）。入其朝，士讓爲大夫，大夫讓爲卿。二國君謂曰：「我
等小人，不可履君子之庭。」乃相讓所爭地，以爲閑原。《詩》
云：「虞芮質厥成。」（見《史記·正義》）。遂伐犬戎、密須、
邘、崇侯虎，更敗黎國（者），殷之賢臣祖伊奔告紂，言國之危，
紂曰：「不有天命乎？是何能爲！」弗聽。周由岐下徙都豐。（

後武王都鎬京，皆在長安南數十里。兩都相距廿五里）文王九十七歲而終。太子發立，是爲武王，時武王亦八十三矣。（後即位適滿十年，九十三而崩）武王即位，太公望爲師，周公旦爲輔，召公、畢公左右輔弼，修文王緒業。周公爲文王第四子，武王之弟，次於管叔。畢公爲文王庶子。召公、周之支族，食邑於召，召爲周畿內菜地。成王時爲三公，（太師、太傅、太保，召爲保，周公爲師）自陝以西，召公主之，自陝以東，周公主之。召公之治西方，甚得民和，巡行鄉邑，決獄政事於棠梨樹之下，人各得其所。民思召公之政，懷棠樹不伐，作《甘棠》之詩，歌詠之。武王滅紂，封於燕，見《史記·燕召公世家》。太公望，呂尙，世稱姜子牙。夏、商之時，封於呂，呂姓，或封於申，姜姓。均在南陽宛縣。其先祖嘗爲四嶽，佐禹治水有功。年老窮困，嘗屠牛於朝歌（殷都城），賣飲於孟津。以漁釣干周西伯。《封神榜》渭水訪賢，即指此事。《說苑》云呂望年七十，或言八十歲，釣於渭渚，三日三夜，魚無食者，望即忿，脫其衣冠，上有異人，謂望曰：「子姑復釣，必細其綸，芳其餌，徐徐而投，無令魚駭。」望如其言，初下得鮒，次得鯉，刺魚腹得書，文曰：「呂望封於齊。」望知其異。武王滅紂封望於齊。按：要皆后人仰望賢者，踵事增華，有此附會耳。

西伯出獵，果遇太公於渭之陽，與語大悅。曰：「吾先君太公曰『當有聖人適周，周以興。』子眞是耶？吾太公望子久矣！」故號之曰太公望，載與俱歸，立爲師。西伯脫羑里之囚而歸，與呂尙陰謀修德以傾商政，事多兵機奇計，有《六韜》武王問太公。（史記·齊太公世家正義）有《太公陰符》蘇秦伏而讀之，游說六國，掛六國相印。（《史記·蘇秦列傳》）或曰，太公博聞，嘗事紂，紂無道，去之。游說諸侯，無所遇，卒西歸周西伯。武

王更尊號爲師尙父。武王伐紂，事多尙父謀劃。十一年（續文王受命之年，以明武王之卒父業也。）武王上祭於畢（畢星主兵）。東觀兵至於盟津（即孟津。黃河古渡口，今河南省孟津縣）。爲文王木主，載以車。武王居中軍，自稱太子發，奉文王以伐，告司馬、司徒、司空、及諸受符節之有司：「齊栗，（大家警惕著）信哉！（信守職事）予無知，以先祖有德臣，小子受先人之功，畢立賞罰，以定軍功，興師！」師尙父左杖黃鉞，右把白旄，號令曰：「蒼兕，蒼兕！（主舟楫之官），總爾衆庶，與爾舟楫，後至者斬！」遂至盟津。（即孟津，在今河南省孟津縣，屬黃河南岸）由此古渡口，渡河，往攻殷都城朝歌。〔（原都亳（河南偃師），自契至湯八遷，至此都。自湯至盤庚，凡五遷都，仍遷原都。自武丁起又遷往朝歌（今河南省淇縣），直至商紂。）〕武王渡河，中流，白魚躍入舟中，武王俯取以祭。（白魚指殷紂，殷尙白色。）既渡，有火自上覆於下，至於王屋（武王駐蹕之處），流爲烏，其色赤，其聲魄（清徹、響亮）。（烏爲孝烏，赤爲周之正色，言武王能續父業。）是時，諸侯不期而會盟津者八百諸侯。皆曰：「紂可伐矣。」武王曰：「未可也。」乃還師，歸。（按東伐觀兵，「以觀諸侯集否？」猶如現代之所謂軍事演習，耀武揚威。所謂還師而歸者，又故爲弱形以驕敵。種種白魚、赤烏之事，皆尙父之主謀所行兵機耳。）（另一種原因是坐觀殷商國內變化，乘時進擊，藉收事半功倍之效。）還師兩年，聞紂昏亂暴虐滋甚，殺王子比干，囚箕子。太師疵，少師彊抱其樂器奔周。武王將伐紂，卜，龜兆不吉，風雨暴至。群公盡懼，唯太公強勸武王，武王遂行。遍告諸侯，殷有重罪，不可以不畢伐。乃遵文王木主，率戎車三百乘，虎賁三千人（勇士、猛將，相當敢死隊），甲士四萬五千人，東向伐紂。十有三年春，大會孟津。

（尚在黃河南岸，待渡）發表首篇《泰誓》〔要皆仁與不仁，善
與惡，被統治者（周西伯各諸侯國與廣大的被壓迫的黎民百姓）
與統治者（殷商紂王）間一場死生鬥爭。〕略曰：「我友邦冢君
（爲武王對各諸侯國國君謙遜之稱呼）與我御事庶士（爲武王對
本國各級官員謙詞），明聽誓。惟天地、萬物父母，惟人、萬物
之靈。純正聰明，作國君，國君作民父母。今商王受（紂名）弗
敬上天，降災下民。沉湎女色，敢行暴虐，罪人以族（滅族），
官人以世（不問賢德，行世襲制）。惟宮室、台榭、陂池、侈服，
以殘害爾萬姓，焚炙忠良（行炮烙之刑），刳剔孕婦。皇天震怒，
命我文考（文王），肅行天威。大勳未集（文王去世），故予小
子發（武王名），以爾友邦冢君，觀衆於商。惟受（紂名）罔有
悛心（沒有悔改），弗事上帝神祇，遺厥（其）先祖宗廟弗祀。
犧牲粢盛（各種祭物）盡於凶盜（被盜搶走）。乃曰：『吾有民
有命！』天佑下民，作之君，作之師，惟其輔佐上帝，撫綏四方。
今商有罪，予曷（何）敢違背天意，不予懲商？商罪貫盈，天命
誅之。予弗順天，厥（其）罪惟鈞（其罪相等）。天憫恤於民，
民之所欲，天必從之。爾尚弼予一人，永清四海。時哉弗可失！」

　　十三年一月戊午，武王已渡孟津，駐於黃河北岸，發表中篇
《泰誓》略曰：「西土衆庶，咸聽朕言。惟天惠民，夏桀弗克順
天，流毒下民。天乃佑命成湯，降黜夏命。惟受（紂名）罪浮于
桀，剝喪元良（指微子、箕子），賊虐諫輔（王子比干）。天其
以予救民，懲彼殷商。受（紂名）有億兆平民，離德離心。予有
治臣十人，同德同心。雖有周親（至親），不如仁人。（十人一
一周公旦、召公奭、太公望、畢公、榮公、太顚、閎夭、散宜生、
南宮適、邑姜。）天視自我民視，天聽自我民聽。百姓有望（指
望），在予一人，今朕必往，懲彼殘凶！勉哉，夫子（將士們）！

百姓懍懍，若崩厥角。（百姓恐懼於暴政，叩頭呼救，額角觸地若山崩。）嗚呼！一德一心，立定厥（其）功，永世安寧！」戊午日之第二天，武王巡視六軍，準備出發進攻殷都朝歌。發表下篇《泰誓》略曰：「嗚呼！我西土君子，天有顯道，惟厥法度。今商王受（紂名），狎侮五常（父義、母慈、兄友、弟恭、子孝），自絕於天，結怨於民。斫朝涉之脛，剖賢人之心（殺比干），崇信奸邪，放黜師保（微子、箕子）作奇技淫巧，（炮烙之刑，酒池肉林）以悅婦人。上帝弗順，降此喪亡之懲令。爾其孜孜（奮發）助予一人，恭行天罰。古人有言：撫我則君，虐我則仇。獨夫受（紂），大肆作威，乃汝世仇。樹德務滋，除惡務盡，助予小子以爾庶衆，殄殲乃仇。爾其果毅，以助乃君。功多有厚賞，不爾有顯戮。嗚呼！惟我文考（文王）若日月之照臨，光於四方，顯於西土，惟我有周撫護多方（衆諸侯）。予克（勝）受（紂），非予武（勇武），惟朕文考無愧於天下。受（紂）克予，非朕文考有過，惟予小子無良！」（按武王仁人，非常謙遜，而恐懼其所肩負伐商之重任！文中獨夫一詞，爲孟子引用：「誅一獨夫紂，未聞弒君也。」）

十三年二月甲子昧爽（黎明），武王朝至商郊牧野。（距殷都七十里）（孔安國曰：癸亥夜陣，甲子朝誓。）乃作《牧誓》：武王左杖黃鉞，右秉白旄（旄牛尾），以麾（指揮）。曰：「遠矣！西土之人！我友邦冢君，司徒、司馬、司空、亞旅、師氏、千夫長、百夫長，及庸、蜀、羌、髳、微、盧、彭、濮人，（八國周西南、西北蠻夷戎狄）舉爾戈，（盾牌），豎爾矛，予其誓：古人有言，牝雞（雌雞）無晨。牝雞之晨，惟家之索（倒霉）。今商王受（紂）惟婦言是用，自棄其先祖祭祀不問，遺棄其王父母弟不用，乃惟四方之多罪逋逃，是崇是長，是信是使。暴虐於

百姓，姦宄於商邑。今予發（武王名）恭行天罰。今日之事，（臨陣而隔）不過於六步、七步，乃止齊焉。（短兵相接，一擊一刺）少不過四伐、五伐，多不過六伐、七伐，乃止齊焉。勉哉夫子！（將士們）尙桓桓（威武貌），如虎如貔，如熊如羆。於商郊，弗阻殷兵投奔助周者，勉哉夫子！爾所不勉，其於爾躬有戮！」帝紂聞武王來，亦發兵七十萬拒武王。武王使師尙父與百夫致師（身先犯敵），以大卒（戎車三五〇乘，士卒二六二五〇人，虎賁三〇〇〇人）馳紂師。紂帥雖衆，皆無戰鬥之心，心欲武王亟入，倒戈以開武王。武王馳入，衆崩叛。紂走，登於鹿台之上，衣其寶玉衣（見火不銷），自燔於火而死。武王麾諸侯，諸侯齊拜，武王亦揖諸侯，武王至商國都，商民咸待於郊。武王使群臣告語商民曰：上天降休！商人皆再拜稽首，武王亦答拜。遂入至紂死所，自射三發，而後下車，以黃鉞斬紂頭，懸大白旗，殺妲己，懸其頭小白旗。乃出，復軍。其明日，除道（掃除道路）修社（修理土神，穀神廟宇）及商紂宮。及時，百夫荷九旒旗先驅，武王弟叔振鐸奉常車，周公旦把大鉞，畢公把小鉞，以夾武王。散宜生、太顚、閎夭皆執劍以衛武王。既入，立於社南大卒之左。毛叔鄭奉明水（按即露水，取天賜雨露，滋長萬物。）衛康叔封布籍席，召公奭贊采（懸掛布帛），師尙父牽牲。尹佚讀笇書祝文曰：「殷之末孫紂，殄廢先王明德，侮蔑神祇不祀，暴虐商邑百姓，穢德彰顯於天皇上帝。周膺大命，受天明命，革殷！」武王再拜稽首，乃出。封紂子武庚祿父及殷之餘民，使其弟管叔、蔡叔相之。（殷舊都畿內分爲三國：殷都以東爲衛，封管叔主之，以西爲鄘，封蔡叔主之，以北爲邶，封紂子武庚主之，以監殷民，謂之三監。）命召公釋箕子之囚。命畢公釋百姓之囚，表商容之閭。（殷商典禮樂之官，紂廢除不用，此時恢復。）命南宮括散

鹿台之財，發鉅橋之粟，以振貧弱萌隸（外來人口）。（按此兩項，即武王之仁政和德政。）命南宮括、史佚展九鼎寶玉（以示征商之成果和收穫，予以公開不私。），命閎夭封比干之墓，命宗祝享祠於軍。（於軍中祭祀周之祖先，主要是后稷、公劉、太王、王季、文王）。封諸侯，班（頒）賜宗彝，（古代宗廟祭祀用之酒器）作《分殷之器物》（簡稱《分器》，正文亡佚）。武王追思先聖帝王，乃褒封神農（炎帝）之後於焦（弘農陝縣有焦城），黃帝（軒轅）之後於祝（又稱祝其，即夾谷），帝堯之後於薊（燕國有薊縣），帝舜之後於陳（陳州宛丘縣），大禹之後於杞（汴州雍丘縣）。封功臣謀士，師尚父為首封，封於營丘（山東臨淄），曰齊。封弟周公旦於曲阜，曰魯。封召公奭於燕（幽州漁陽縣）。封弟叔鮮於管（鄭州管城縣，即管叔）。封弟叔度於蔡（即蔡叔，豫州上蔡縣）。餘各次受封。乃罷兵西歸，巡狩（巡視各地）。

史官記其政事，作《武成》略曰：一月祭巳，武王朝（早晨）行自周（鎬京）往伐商。四月，月始亮，王來自商，至於豐（文王時都城，在今陝西長安西北，有周伐祖廟。）乃偃武修文，歸馬於華山之陽。四月丁未日，祀於周廟，遠近諸侯都奔來助祭。越三日，舉行柴祭（祭天），望祭（祭祀名山大川），大告武成。四月十五日，庶邦冢君及百官，聽命於周。武王曰：「嗚呼！各諸侯國君！惟我先王后稷建邦啟土，公劉克篤前烈，至於太王肇造王基，王季勤其王家，我文考文王，克成厥勛，誕膺天命。惟九年，大統未集，（文王崩逝未完成統一大業）予小子其承厥志，申討商罪。戊午師逾孟津，癸亥，列陣於商郊。甲子昧爽，受（紂）率其師旅若林（七十萬殷兵），會於牧野。罔有敵於我師，彼前軍倒戈攻其後陣，以逃。血流漂杵。（舂杵）一戎衣（一次

征伐），天下大定。乃反商政，政由舊。（率由湯商王政治）（仁政），釋箕子囚，封比干墓，式商容閭，散鹿台之財，發鉅橋之粟，大賚（賞）於四海，而萬姓悅服。列爵惟五（公、侯、伯、子、男），分土惟三，（列地封國：公、侯方圓百里，伯七十里，子、男五十里。計三等。）建官惟賢，位事惟能（任職惟能），重民五教。（父義、母慈、兄友、弟恭、子孝）惟食（民食）、喪（喪禮）、祭（祭禮——天、地、祖先）。篤信明義，崇德報功。垂拱而天下治（垂衣拱手）。以上皆周朝史官所記載武王的政事、業績，寫作而成的《武成》的內容連同所有其他文誥均由孔子刪修，列入《尚書》之中。其影響孔孟學說的建立，不言而喻，就連許多詞語，均爲孔孟所沿用。其中《武成》中「血流漂杵」一語，曾引起孟子議論，他說：「盡信《書》，則不如無《書》。吾于《武成》，取二三策而已矣。（策——竹簡，古代用竹簡書寫）仁人無敵于天下，以至仁伐至不仁，而何其血之流杵也？」（《孟子・盡心下》）杵——爲家家戶戶舂谷米用的工具，猶如現代的碾米機的用途，實相一致。血流漂杵，引起孟子疑問。其實這是史官的筆法用語，形容戰事中傷亡人數之慘重，如腥風血雨，如孟子自言：「爭地以戰，殺人盈野。爭城以戰，殺人盈城。」其實際情況：帝紂發兵七十萬拒戰於牧野，史官言戰士之多，排比如森林。紂王無道，爲天下逋逃主，罪犯藪萃的淵藪。他信用他們，崇敬他們，使用他們以爲大夫卿士，而且實行世襲制。他有他的骨幹和死黨，前軍倒戈攻後陣，紂有勇智，有權威，他親身壓陣，要說不是一場血戰，誰能置信？他見大勢已去，才反走，自焚而死。史官所記，是其親身感受，這樣的筆錄，是通過武王及群臣的審視和傳觀，豈可虛載乎？孟子只見戰國時期，各國爭霸之流血，而未見到距他一千年以前的周、商戰爭的情況，

故有此懷疑的論調，按其情理，亦屬可原。其次，後來周公旦東
征平武庚、管、蔡之叛亂，就見出殷民抗拒勢力之大。原因就在
於殷遺民中，有許多是帝紂的骨幹，他們喪失了權力，降低了生
活，因此掀風作亂。

　　武王於封賞功臣謀士後，曾徵九牧之君，登邠（公劉所都之
地）之阜（山之高處），以望商邑（朝歌），至於鎬京，自夜不
寐，周公旦即王所，曰：「何爲不寐？」王曰：「告汝，維天不
享殷，乃今有成。我未定天保，何暇寐？定天保，悉求乎惡，貶
從殷王受（紂），日夜勞作，定我西土。營周居於洛邑（洛陽），
偃干戈，示天下不復用。」武王克殷後二年，問箕子殷所以亡？
箕子不忍言殷惡，乃以治國常理告武王，武王亦醜，故問以天道。
周史官記其事，作《洪範》。按《洪範》係後人擬作，有學者認
爲大約寫成於戰國時期。司馬遷《史記·宋微子世家》以《洪範
九等》這一詞語記載其內容。《孟子·公孫丑上》：「微子、微
仲、王子比干、箕子、膠鬲皆賢人也。」並未提及箕子的言論。
孔子《論語·微子》：「微子去之，箕子爲之奴，比干諫而死。
殷有三仁焉。」《易經·明夷（卦名）》：「內文明而外柔順，
以蒙大難，文王以之。」「內難而能正其志，箕子以之。」「箕
子之明夷，箕子之貞。」明——明智，夷——傷害。即唐朝文學
家柳宗元《箕子碑》（在朝歌箕子廟內，即今河南淇縣）中所云：
「正蒙難，法授聖，化及民。」贊揚箕子明智正直之賢者，蒙受
災難。見比干剖心而懼乃佯狂爲奴，紂又囚之。即是正蒙難。後
以治國常理，告武王，此即法授聖。及封朝鮮，箕子教民以禮義
田蠶織作，即化及民之意。孔孟書中，均無《洪範》這一名詞的
出現，按《洪範》中的言論，與孔孟學說並無任何相關和相貫通
之處，決非孔子編入《尚書》之中，爲後儒所擬作和僞造，十分

顯著。《史記・封禪書》武王克殷二年，天下未寧而崩。太子誦代立，是爲成王。成王少，周公恐天下聞武王崩而叛，乃踐阼代成王攝政當國。

（八）周公旦，（仁）爲文王第四子，武王同母弟。文王在時，旦爲子孝，篤仁，異於群子。及武王即位，常輔翼武王，用事居多。封於曲阜，曰魯公。（《史記》有《魯周公世家》）不就封，留佐武王。武王克殷後二年，武王有重疾，群臣懼，太公、召公穆（虔誠）卜。周公曰：「未可以憂戚佈我先王，乃自以爲質（代死），設三壇，北面立，戴璧秉圭，告於太王、王季、文王，自作簡策，祝曰：「惟爾元孫王發（武王名曰姬發），勤勞染疾，若爾三王有負子（助祭）之責於天，以旦代王發之身。旦巧能，多材多藝，能事鬼神。乃王發不如旦多材多藝，不能事鬼神。王發受命於帝庭，敷佑四方，用能定汝子孫於下地（人間），四方之民罔不敬畏。無墜天之降寶命（指周政權），我先王亦永有所依歸。」周公藏其簡策於金縢匱中，誡守者勿敢言。《尚書》中編有《金縢》一篇。按：祝詞中，語何懇切誠摯？感人肺腑！其後武王既崩，成王少，周公恐天下叛周。乃代成王攝政。管叔及其群弟（蔡叔、霍叔）流言於國曰：「周公將不利于成王。」周公乃告太公望、召公奭曰：「我之所以弗避而攝行政者，恐天下叛周，無以告我先王。我所以爲之若此。」並作《君奭》一篇，以解釋召公疑問，以湯時之伊尹、伊陟、臣扈、巫咸、巫賢、甘般（甘盤）等賢臣作比譬，召公乃悅。周公卒相成王，而使子伯禽代就封於魯。周公戒伯禽曰：「我文王之子（文王十子：伯邑考（已前卒）、武王發、管叔鮮、周公旦、蔡叔度、曹叔振鐸、成叔武、霍叔處、康叔封、冉季載。），武王之弟，成王之叔，我于天下亦不賤矣。然我一沐三捉髮，一飯三吐哺，起以待士，

猶恐失天下之賢人。子之魯，愼無以國驕人。」管、蔡、武庚等
果率淮夷而反。周公乃奉成王命，興師東伐，作《大誥》。這是
一場周室內部權力鬥爭的流血戰爭，誅管叔，殺武庚（紂子），
放蔡叔，（遷之，與車十乘，徒七十人從。後死，子蔡仲賢，周
公請於成王，復封於蔡。）（見《尚書·蔡仲之命》）降霍叔爲
庶人，三年不敍用。收殷餘民，以封康叔於衛。見《尚書·康誥
·酒誥（戒酒令）·梓材》（告以若梓人治梓材，以喻治國之道）。
一以封微子於宋，以奉殷祀。見《尚書·微子之命》（紂之庶兄，
武王滅商時，主動歸順周室）。寧淮夷東土，二年而畢定。諸侯
咸服宗周。（鎬京）東土已集（統一），周公歸報成王。是時秋，
大熟，未獲。天大雷電以風，禾盡偃，大木盡拔。國人大恐。成
王與大夫朝服以開金縢書，得周公自以爲質，以代武王之祝詞。
成王執書以泣，曰：周公勤勞王家，惟予幼人弗及知，今，天動
威以彰周公之德，惟朕小子其迎。（親往迎周公歸來）王出郊，
天乃雨，反風，禾盡起。太公、召公命國人，凡大木所偃，盡起
而築之。（用土培根）歲則大熟。

　　成王在豐（文王都城，有文王廟）使召公之洛相土，營建洛
邑，如武王意。周公卒往營築，並於新都洛邑之東，營建成周，
遷殷頑民居之。事見《尚書·洛誥·召誥·多士》。洛居天下之
中，四方入貢，道里均。周公勸成王居洛主政，成王曰：「公！
（周公）予小子其退，（由洛退回鎬）命公後（命周公繼續治洛，
後一步回鎬京）。」《多士》，指殷商舊臣，周公以成王命誥，
遷往洛邑附近營建之成周，便於管教。成王長，能聽政，於是周
公還政於成王，成王臨朝。先是周公代成王治，南面朝諸侯。及
七年後，還政成王，北面就臣位，鞠鞠如畏然。初，成王少時，
病，周公乃自剪其爪，沉於河，祝於神曰：「王少未有識，是旦

執事，有罪殃，且受其不祥。」亦藏其策於府。及成王用事，人
或譖周公，周公奔楚。成王發府，見周公禱書，乃泣，迎歸周公。
周公歸政後，恐成王淫佚，乃作《毋逸》，以告誡成王。曰：「
君子所（君子居位爲政），其無逸。先知稼穡之艱難。昔在殷王
中宗，不敢荒廢，享國七十有五年。其在高宗，不敢荒廢，享國
五十有九年。其在祖甲，保惠庶民，不悔鰥寡，享國三十有三年。
厥後，立王，生則逸，不知稼穡之艱難，不聞小人之勞，惟耽樂
之從。或十年，或七、八年，或五、六年，或四、三年，罔或克
壽。惟我周太王、王季，克自抑制，文王卑服，躬自稼穡，懷保
小民，惠及鰥寡，自晨至日中昃（日西斜），不遑暇食，勤勞政
事，不以庶邦貢賦，供於游樂田獵。中年受命，享國五十年。嗚
呼！小人怨汝詈汝，則信之，則自敬慎。無罰無罪，無殺無辜。
怨有同，叢于厥身，王其鑒茲！」成王執政第二年，東伐淮夷，
滅奄國（原殷諸侯），按周公之意，遷其君薄姑於齊，以便於教
化。成王自奄回宗周（即鎬京），各國諸侯前來朝會，由周公代
替成王發布誥命《多方》，告衆方諸侯。周公晚年作《立政》告
誡成王設官理政，必需任用賢人，不干涉獄訟案件。周公在豐（
原文王都城，有文王廟），病，將沒，曰：「必葬我成周（洛邑
東面）以明吾不敢離成王。」周公既卒，成王亦讓，葬周公於畢，
從文王，以明予小子不敢臣周公也。（文王墓在畢地，今陝西咸
陽市北。近於豐、鎬）成王並作《亳姑》（即薄姑）告周公在天
之靈，言滅奄，已按周公生前之意，遷於其居薄姑於齊。在齊君
名即爲地名。周公既沒，成王命周公之子，伯禽弟，君陳繼任周
公治殷常法，治理洛邑東郊之成周，作《君陳》，列入《尚書·
周書》之中。《史記·魯周公世家·索隱》周公元子就封於魯，
次子留相王室，代爲周公。其餘食小國者六人：凡、蔣、邢、茅、

胙、祭。

　(九)成王將崩，命召公（燕召公奭）、畢公（文王庶子）率諸侯相太子釗而立之，作《顧命》。既崩，太子釗立，是爲康王，遍告諸侯，作《康誥》。康王命作策畢公，繼周公、君陳，居洛邑、成周治理殷民，作《畢命》。成、康之際，天下安寧，刑措四十餘年不用。康王崩，子昭王立。昭王德衰，南巡狩，濟於漢水，船人惡之，以膠船進王，王御船至中流，膠液船解，王及大臣祭公俱沒於水中而崩。子穆王即位，時春秋已五十矣。穆王憫文、武之道衰，命君牙任大司徒，主教化，論述敷典（指五常）、正身、思艱、治民之大法，作《君牙》。任伯冏爲大僕正，認爲侍從、僕役對國君影響很大，需選用賢臣，杜絕行賄。作《冏命》。任呂侯爲相。呂侯勸導穆王申訓四方諸侯及王族，愼用五刑（墨、劓、荆、宮、大辟），五刑可疑，從輕處以五罰（罰金），又叫贖刑。史官作《呂刑》。世稱善政，流傳後代。周平王賞晉文侯平犬戎功勞，作《文侯之命》，魯侯伯禽平魯境內徐、夷之亂，作《費誓》。春秋時，秦穆公代鄭，師敗，自悔未聽老臣蹇叔、百里奚之勸告，還歸，作《秦誓》。大抵《尙書》所收輯古代歷史文獻，均盡於此。它對孔孟學術思想的建立，產生極大的影響。周穆王當國，可惜只五年而崩，後傳至厲王。厲王暴虐，身死國亡，由二相臣行政號「共和」，周統中斷十四年。後立厲王子即位，是爲宣王。宣王在位四十六年，崩。子幽王即位。幽王淫亂，犬戎殺之，子平王立。避犬戎，東遷洛陽，號稱東周。從此周統，一蹶不振，只以國中之一國而存在，不能號令天下。進入春秋、戰國時期，各諸侯國各行其政，天下四分五裂，至秦統一。周統末期分成東周、西周兩個政體，與各諸侯國，同歸於盡，亡於秦國。秦始皇統一中國，不到十二年，亡於陳勝、吳廣起義後之楚

（項羽），楚亡於漢（劉邦）。計周伐紂，取得天下，由於後代
子孫不仁，卒以亡國，中經三十七主，八六七年。為中國歷史上
朝代最久的一個朝代。看來要想一個國家長治久安，非改革政治
制度不可。實行民主政治，政權的替換，決定於選票，而不是決
定於槍砲子彈。避免改朝換代中人命傷亡和種種悲劇的重演。孔
孟哲學思想、民主政治、自由經濟，三者同步進行，是人類社會
進步的必由之路。

　　㈩周厲王，不仁。即位三十年，好利，暴虐侈傲，用佞臣榮
公為卿士，刻剝百姓，民命不堪。國人謗王，得衛巫，使監謗者，
以告，則殺之。其謗鮮矣，而諸侯不朝。三十四年，王益嚴，國
人莫敢言，道路以目。厲王喜，曰：「吾能弭謗矣，乃不敢言。」
召穆公諫曰：「是鄣之也。防民之口，甚於防川，川壅而潰，傷
人必多，民亦如之。是故為川者決之使導，為民者宣之使言。夫
民慮之於心而宣之於口，善敗於是乎興。行善而備敗，所以產財
用、衣食者也。若壅其口，其能幾何？（其能多久）厲王不聽，
於是國人莫敢言，三年，乃相與叛，襲厲王。厲王奔彘。厲王太
子靜匿召穆公家，國人聞之，乃圍之。穆公以其子代王太子，太
子竟得脫，召穆公、周公（非前時之周公）二相行政，號曰「共
和」。共和十四年，厲王死。太子靜長於召穆公家，二相乃共立
之，是為宣王。周統中斷十四年。宣王在位四十六年，崩。子幽
王立。幽王不仁，嬖愛褒姒，生子伯服。幽王廢正妃申后，並去
太子宜臼。以褒姒為后，以伯服為太子。用佞臣虢石父為卿。褒
姒不好笑，幽王為舉烽火，諸侯悉至，至則無寇。褒姒在驪宮樓
上，望見各諸侯忙來忙去，並無一事，不覺撫掌大笑。幽王曰：
「愛卿一笑，百媚俱生，此虢石父獻計之力也。」遂以千金賞之。
後世相傳：千金買笑，蓋本於此。申侯知幽王廢申后及太子宜臼，

立褒妃及伯服，上書切諫。幽王大怒，發兵討罪。申侯借犬戎兵攻幽王。幽王舉烽火徵兵，諸侯莫至。犬戎殺幽王於驪山下，並殺太子伯服，褒姒貌美，擄回氈帳取樂。犬戎退兵，褒姒不及隨行，自縊而死。周室寶玉，搬取一空。援難諸侯及申侯，共立故幽王太子宜臼，是爲平王。平王爲避戎寇，東遷洛陽，史稱東周。（按成王至幽王階段，始終居鎬京任政。）

　　㈩東周以後，進入春秋戰國時期。春秋二九四年，戰國二五五年，共五四九年。春秋有五個大國叫五霸：齊桓公、晉文公、宋襄公、秦穆公、楚莊王。戰國有七個大國叫七雄：齊、楚、燕、韓、趙、魏、秦。其餘都是許多小國，往往被大國吞併。《史記·太史公自傳》「春秋之中，弒君三十六，亡國五十二，諸侯奔走不得保社稷者，不可勝數。察其所以，皆失其本已。」《索隱》曰：「皆是失仁義之道本耳。」

　　由此看來，春秋戰國時期：周王室及各諸侯國的歷史，併同三皇、五帝（含堯、舜）夏、商、周（西周）全部歷史，都是產生孔孟哲學思想的歷史根源。主要包括在五種經書：《詩》、《書》、《易》、《禮》、《春秋》以及其它文史資料之中。社會根源是指孔孟所處社會，所加予他的見聞和感受。人的思想根源，來自自然人的欲和來自社會人的仁或善性。欲必須與仁相聯繫而存在，否則就是不仁。不仁就是惡。仁與不仁，善與惡，義與利，王道與霸道，（王道並不完全排除法治）互爲存在的條件，又對立，又統一，形成矛盾運動過程。二者勢力，並非均衡，一強一弱，孔孟的哲學思想，就是建立在抑強扶弱的基礎之上。用他自己的話說：「克己復禮爲仁。一日克己復禮，天下歸仁焉。」（《論語·顏淵》）（禮——合理、有節制、有分寸、不過分、不偏不倚、無過與不及。）孔孟以仁爲核心的哲學思想，這從社會、

從歷史都可得印證和證明，它是顛撲不破，批駁不倒的真理。《論語》仁字，有一〇五次。孟子書中，仁字出現一五七次。孟子曰：「仁者無敵。」「仁則榮。」這些話，是言之有理，道之有據。從歷史、從社會、從每一個人的爲人做事，都可以得到印證和證明。再思想、社會、歷史三根源，並非截然分開，劃成鴻溝。有時爲了查找證據，牽一源而三源並至。譬如：《易經・繫辭上》「慢藏誨盜，冶容誨淫。」一語，孔子特提出警惕，爲世立教耳。《十三經注疏》云：「慢藏財物，守掌不謹，則教誨於盜者，使來取物。女子妖冶其容，身不精愨，是教誨淫者，使來淫己也。」太史公司馬遷《報任安書》中云：「士爲知己者用，女爲悅己者容。」按女爲悅己而容，是「欲」之所致，精愨其身，對他者保持距離而端正自己，則是「仁」。否則「欲」無約制，或「欲」勝於仁，便誨淫矣。人同此心，心同此理：是婦女無不欲悅己而容，形成社會風氣。否則相形見絀，難乎爲情，內疚良深。此則爲社會根源。自古婦女，誰不愛梳妝打扮？流風餘韻綿延至今，歷史根源便又找到了安身立足之處。此之謂牽一源而三源並至，決無鴻溝。

伍、結　語

㈠孔子、孟子，一生艱苦奮鬥，爲中國人民，特別是知識份子，樹立了光輝的榜樣。他們的言論，垂範後世。萬古流芳。

㈡孔孟學說具有世界性，經得起時代的考驗，是不變的眞理，顚撲不破，批駁不倒。

㈢人類社會三寶：民主政治、自由經濟、孔孟哲學思想。是全世界國家和人民，總的奮鬥目標。是世界新秩序的基石。是目前全世界人民當務之急。

㈣孔子生前曾設想在魯國建立一個統一的東周，孟子生前曾設想在齊國建立一個統一的中國。當今之世，全中國人民，乃至全世界人民，都熱忱盼望用和平民主的方式，建立一個統一的新中國。祝願不久的將來，得以圓滿實現。

一九九四年六月一日于大陸江西萍鄉家中

主要參考書目

1. 十三經注疏
2. 四書五經　　　　　　　　　　長沙岳麓書社
3. 四書全譯　　　　　　　　　　貴州人民出版社
4. 四書白話注解　　　　　　　　長春古籍書店
5. 孟子譯注　　　　　　　　　　中華書局
6. 史記　　　　　　　　　　　　中華書局
7. 左傳全譯　　　　　　　　　　貴州人民出版社
8. 今古文尚書全譯　　　　　　　貴州人民出版社
9. 東周列國志　　　　　　　　　人民出版社
10. 中國歷代通俗演義　　　　　　上海文化出版社
11. 中國哲學史簡編　　　　　　　人民出版社
12. 三字經批注　　　　　　　　　浙江人民出版社
13. 中國古代思想史　　　　　　　人民出版社
14. 中國文學家辭典　　　　　　　四川人民出版社
15. 中國古典文學名著題解　　　　中國青年出版社
16. 古文觀止　　　　　　　　　　江西人民出版社
17. 唐詩三百首　　　　　　　　　中華書局
18. 五四以來尊孔復古言論輯錄
19. 論孔丘　　　　　　　　　　　人民出版社
20. 家庭、私有制和國家的起源　　人民出版社
21. 馬恩宣言　　　　　　　　　　人民出版社